REGALOS DEL CIELO

REGALOS DEL CIELO

Sanación Angelical y Mensajes del Otro Lado

Laura O. Jurado

The Enchanted Garden Press

CONTENIDO

Primera Parte:

Antecedentes de la Doctora Altés — 15

Capítulo 1. Una doctora fuera de lo común — 16

Capítulo 2. Mi encuentro con ella — 22

Capítulo 3. Una experiencia transformadora — 25

Capítulo 4. Otra manifestación y un nuevo regalo: se abren las puertas — 40

Capítulo 5. Cuidado con lo que pides — 48

Segunda Parte:

Mis Antecedentes (Por qué creo en lo que creo) — 55

Capítulo 6. Ángeles — 56

Capítulo 7. Meditación — 82

Capítulo 8. Sai Baba — 86

Capítulo 9. Oración — 94

Capítulo 10. Sanación Pránica y Meditación con los Ángeles — 103

Capítulo 11. Pide y se te Dará — 120

Capítulo 12. Encuentros y Reencuentros — 125

Tercera Parte:

En el Consultorio (Casos de Pacientes)	149
Capítulo 13. Esteban y Cecilia	150
Capítulo 14. Jesús y Rosa Emma	160
Capítulo 15. Chile con Queso (De todo un poco)	171
Capítulo 16. Geometría Sagrada	184
Capítulo 17 Por Siempre Juntos	193
Capítulo 18 Una Visión Divina	198
Epílogo	209

AGRADECIMIENTOS

- Gracias a Dios, a los ángeles y otros seres de luz por asistir a la doctora Rosalía Altés con sus pacientes.
- A esta gran mujer por dejarme contar su historia.
- A todos aquellos que me platicaron sus experiencias y me permitieron compartirlas.
- A Sarita Otero, Diana Talavera, Elida Villarreal, Carmela Brooks, Alma Pufal, Lynn Provenzano *(Rainbow Bear)*, Sobha Podilla, Raúl Tarango *(Gray Wolf)*, Terrie Marie y Frances Morán por ser parte fundamental de mi desarrollo espiritual. Mención especial para otras tres personas de las que no hablo en el libro (porque entraron hace poco en mi vida), pero que encajan perfectamente en esta categoría: Laura Buendía, Haydée Carrasco y Enric Corbera.
- A mis primeros lectores: Willy Sosa, Pedro Aguilera, Gilberto Pérez, Luis Noble y Paty

Giovine.

- ♥ A Cristina Ponce por la bella portada.
- ♥ A mi amado esposo Willy por todo su apoyo; a mis hijos adorados Ricardo y Catalina.
- ♥ A los Gordos que con frecuencia me visitan del Otro Lado; a toda mi familia, incluyendo la política.
- ♥ A quienes siguen fielmente mi blog www.gunistorias.com, especialmente a Isabel, (mi querida suegra), Norma, Arturo, Carolina, Tommy, Nora, Lucy y por supuesto, Willy.
- ♥ A todas las personas que ya esperaban este libro y a las que me dicen que no deje de escribir. ¡Me fascina hacerlo, pero que a alguien le guste mi trabajo es –sin lugar a dudas- la cereza del pastel…!

INTRODUCCIÓN

A lo largo de mi vida, me he convencido de que la muerte no existe.

Todo empezó cuando éramos adolescentes y mi mamá –católica, pero de mente muy abierta–, mis hermanos y yo, comenzamos a leer libros de metafísica (*El Tercer Ojo, El Médico del Tíbet y El Cordón de Plata*, de Lobsang Rampa; *Metafísica 4 en 1 y Metafísica al Alcance de Todos*, de Connie Méndez; *Muchas Vidas, Muchos Maestros* de Brian Weiss, etc.). Más tarde vendrían otros, pero dos de los autores que más me impactaron fueron el doctor *Weiss* y *Sylvia Browne* (*La Vida en el Otro Lado*).

Este último llegó a mi familia después de que mi hermana Patricia enviudara. Alguien se lo había regalado y fue de gran ayuda para ella, luego nos lo prestó y todos quedamos fascinados. Algunos años después, otra de mis hermanas (Nora) se puso a buscarlo, pues quería prestárselo a un amigo que había perdido a un ser querido. Como no lo halló, ordenó cuatro en una librería.

Poco antes de que éstos llegaran, mi mamá encontró el libro en la casa:

—Mira *Noro*, aquí está el libro que andabas buscando. Lo voy a dejar en este cajón por si se te ofrece.

Ese día llegó más pronto de lo que pensaron, ya que una semana después, ella (mi mamá) emprendería el viaje al Otro Lado. Lógicamente, fue un golpe duro para todos nosotros (un *golpanazo*, decía mi papá), pero el haber tenido acceso a ese tipo de información, hizo más llevadero nuestro duelo.

Al poco tiempo, una persona llamó a Nora para avisarle que ya podía pasar por sus libros. Cuando se los entregaron, preguntó por pura curiosidad qué día habían llegado. Grande fue su sorpresa al enterarse que había sido justo la fecha en que mi mamá se despojaba de su cuerpo físico. ¿Coincidencia? No lo creo...

A partir de ese momento, ella comenzó a hacerse presente en nuestras vidas, mediante sueños, coincidencias o mensajes a través de la doctora Altés, reforzando nuestras creencias en la vida del Otro Lado. Lo mismo pasaría con mi papá, que partió veinte meses después.

Mis hijos también me dieron algunos indicios cuando eran chiquitos. Catalina tenía como tres años cuando de repente me dijo:

—Un día pusieron mis huesos en la tierra, luego me dieron muchas ganas de venir contigo, con papi y con Ricardo –su hermano- y aquí estoy.

Por su parte, mi hijo nos contó a los cuatro años que antes de nacer nos había visto -a su papá y a mí- bailando en una fiesta. Ninguno de los dos casos me pareció descabellado, al contrario, solamente reforzaron mis creencias.

Y bueno, con frecuencia, Nora y yo platicamos de lo afortunadas que somos al saber que el cuerpo es tan solo el vehículo del espíritu y que éste es inmortal. Una vez que se entiende esto, el dolor ya no tiene cabida.

Precisamente por eso recopilé varias historias en las que la doctora Rosalía Altés es el enlace entre este mundo y el Otro Lado, para que todos aquellos que pierden a un ser querido sepan esta gran verdad. De igual manera, ella también es el puente mediante el cual los ángeles pueden trabajar con los pacientes que llegan a su consultorio, dando como resultado -algunas veces- curaciones milagrosas.

Los casos que aquí se presentan son reales, aunque los nombres de algunos de los personajes y las circunstancias en las que las historias se desarrollaron han sido deliberadamente cambiados. También es pertinente aclarar que no todas las veces que uno va a ver a la doctora, suceden cosas extraordinarias. Cómo y cuándo ocurren, depende exclusivamente de Dios.

Originalmente, el libro iba solamente a contar la historia de la doctora y a compartir algunos testimonios de esas curaciones inexplicables, pero luego decidí agregar la historia de una mujer común y corriente (sin dones psíquicos conocidos) para mostrar cómo hasta una persona así puede llegar a tener experiencias extraordinarias dentro del mundo espiritual.

¿De qué mujer común y corriente hablo? De mí.

Agradezco de todo corazón a la doctora Rosalía Altés y a todos los que con sus historias enriquecieron este libro por permitirme compartir –entre otras cosas- la gran verdad sobre la 'muerte' y el fascinante mundo de la espiritualidad y los ángeles.

Laura O. Jurado
Abril de 2016

PRIMERA PARTE

ANTECEDENTES DE LA DOCTORA ALTÉS

CAPÍTULO 1

Una doctora fuera de lo común

"Desde niña veía ya el mundo espiritual, pero en una forma tal vez más burda. Comencé a tener sueños premonitorios y veía a los seres que me rodeaban; yo pensaba que a todo el mundo le pasaba lo mismo, luego me di cuenta que no era así".
Rosalía Altés.

Entrar al consultorio de la doctora Rosalía Altés es una experiencia relajante: su rostro amable y sereno y su dulce voz irradian paz y hacen que uno se olvide de sus problemas.

Preocupada siempre por sus pacientes, la vida le fue dando regalos para que los pusiera en práctica y pudiera ayudar a quienes lo necesitaran.

Yo llegué con ella movida por la curiosidad, más que por otra cosa. Una amiga y dos miembros de mi familia habían ido ya y contaban cosas muy interesantes.

Por ejemplo, a Thalía mi hermana le dijo que la veía con muchos sombreros, explicándole que eso era una característica de las personas que se dedican al servicio. Mi hermana -que es Psicóloga- se sorprendió, pues en ese tiempo laboraba en un hospital en el área de Trabajo Social. Ahí, ella hacía todo lo que estuviera en sus manos por mejorar las vidas de sus pacientes.

Le dijo también que había una persona que estaba empecinada en hacerle daño, pero que por más que lo intentaba, no lo lograba, puesto que ella estaba muy protegida por seres de luz, especialmente por uno alto y rubio. Si bien mi hermana no supo a ciencia cierta quién era su protector, de inmediato adivinó quién era esa mala persona, ya que había una compañera que nunca le había dado buena espina. Y las cosas que habían estado pasando en su consultorio corroboraron las palabras de la doctora: por las mañanas aparecían cruces negras en su escritorio, un angelito de adorno amanecía acostado y ninguna sábila sobrevivía en ese lugar. Mi hermana se quedó más tranquila al saber de sus protectores. Al poco tiempo, la compañera mal intencionada se cambió de trabajo y no volvieron a saber de ella.

Por su parte, a mi mamá lo que le dijo al verla entrar fue que iba muy acompañada. Ella sonrió, pensando que tal vez eran las ánimas del purgatorio, por las que diariamente pedía y se lo comentó.

—Efectivamente, son todas ellas y está usted muy protegida, afirmó la doctora. También le confirmó lo que el cardiólogo le había dicho semanas antes: que tenía el corazón agrandado y le explicó que, independientemente de lo que eso significara médicamente, en su caso también tenía que ver con todo el amor que ella daba a raudales (y como dicen mi hijo y sus amigos: 'true').

Pero sin lugar a dudas, el caso más fuerte –en ese entonces- fue el de mi amiga Romina. Ella era una atractiva abogada, con una sensibilidad especial, que llevaba ya cuatro años de noviazgo con Ramiro. Aparentemente, todo iba muy bien, sin embargo, un día todo cambió y Ramiro dio por terminada la relación. Lo peor de todo es que no le dio ninguna explicación y, cobardemente, huyó del país. Lógicamente, Romina quedó devastada. Cayó en una profunda depresión, de la que nadie sabía cómo sacarla. Por fortuna, una de sus tías ya había pasado por algo similar en sus tiempos mozos y sabiendo cómo se sentía, vino al rescate. Ella acababa de conocer a una excelente terapeuta de Reiki y pensó que podría ayudarla. Romina aceptó desesperada. Desgraciadamente, las semanas comenzaron a pasar y ella no notaba mejoría.

Sin entender por qué su paciente seguía igual, la terapeuta decidió mandarla con la doctora Altés, quien la recibió con un interés especial. Al verla sintió mucha compasión, pues se dio cuenta que era un ser sumamente espiritual y sensible. Su aura –le dijo– estaba como partida a la mitad y era de un color entre rosa y morado; sin embargo, en donde estaba partida, éste era casi imperceptible.

Le preguntó si acostumbraba ir a bailar a los antros, a lo que ella respondió que sí. La doctora entonces le sugirió que ya no fuera, explicándole que al ser lugares donde había muchos vicios, la gente dejaba espíritus pegajosos y malas vibras que se adherían con más facilidad a unas personas que a otras.

Entonces dijo algo que realmente la aterró: lo que la tenía sumida en esa depresión era algo que se le había *pegado,* una especie de animal muy feo (parecido a un perro rabioso) que le gruñía a la doctora cada vez que trataba de ver en su interior.

Dándose cuenta de que ese caso era más difícil de lo que había pensado, le comunicó a su paciente que la terapeuta y ella debían de trabajar en conjunto. Romina estaba impactada con el "animal" y decidió que haría todo lo que le dijeran para deshacerse de él. Acordaron entonces alternar las sesiones. Cuando regresó al Reiki, la señora se sorprendió de lo que

Romina le contó, ya que ella no podía ver lo que la doctora veía.

Los días pasaron. Romina iba y venía de la terapeuta a la doctora, pero ésta seguía viendo aquel horrible ser. Hasta que un día, en una sesión de Reiki, vino la liberación. Para ello, la terapeuta utilizó unos mini discos (címbalos). Su sonido era tan puro que la baja frecuencia del "animal" hacía que éste se retorciera, provocando en Romina una especie de migraña… ¡en el plexo solar! Por fortuna, la tortura no duró mucho. La luz se impuso a la obscuridad y el horrendo ser huyó despavorido del cuerpo de la pobre de Romina. Aunque terminó exhausta, el alivio fue inmediato.

A los pocos días regresó al consultorio de la doctora, solo para corroborar que todo estuviera bien. Ésta la revisó y, dando gracias a Dios, le dijo con una gran sonrisa:

—Efectivamente, el "animal" se ha ido.

CAPÍTULO 2

Mi encuentro con ella

Después de que mi mamá fue con la doctora, comenzó a hacerle promoción con cuanta gente se encontrara. Yo no fui la excepción. Ella estaba fascinada con lo que le había dicho y me sugirió que fuera a verla. Lógicamente, con todo lo que me habían contado, sentí una gran curiosidad, pero no sabía qué decirle: no estaba enferma ni del cuerpo ni del alma. Al poco tiempo, sin embargo, encontré algo con lo que ella me podría ayudar: mi feo carácter y la poca paciencia que le tenía a mis hijos.

Pues bien, un día de mayo de hace once años, llegué a su consultorio y le expliqué la situación. De repente le vino a la mente una imagen de otra de mis vidas -a principios del siglo pasado- en la que uno de mis hijos moría ahogado y yo casi me iba con él porque me sentía sumamente culpable. A pesar de que tenía más hijos, no soportaba el haber perdido a ese niño, porque pensaba que había sido un descuido de mi parte.

— ¿Y qué tiene que ver eso con mi vida actual? -pregunté.

—Mucho. Ese niño que perdió es en la actualidad su primogénito, el cual vino a darle una lección. Usted se juzga muy duramente en lo que respecta a sus hijos.

Me quedé helada al escuchar eso, pues era totalmente cierto. Las lágrimas brotaron de mis ojos, sintiéndome impotente; la doctora, con una voz muy dulce, me reconfortó y me dijo que diariamente repitiera: *"No hay mamá perfecta"*. Y es que como yo tenía la mejor mamá del mundo, no me perdonaba el que la mamá ideal que vivía en mi mente no tuviera nada que ver con la que en verdad era. Sus palabras me ayudaron mucho.

Un poco más tranquila, le pregunté sobre mi ángel. Me dijo que era un ser súper evolucionado que me amaba muchísimo; al preguntarle de dónde venía, la doctora solo vio una vid. Ninguna de las dos supimos en ese momento qué significaba eso, pero saliendo del consultorio, mi ángel se las ingenió para hacerme saber que estaba conmigo. Me dirigía a mi carro, caminando con toda la calma del mundo (raro en mí), sintiendo en mi corazón mucha gratitud, paz y tranquilidad, cuando de repente vi una vid en una casa cercana. Sabiendo que era un regalo de mi ángel, sonreí y en menos de diez minutos, me regaló otras dos: una en casa de mis papás y otra en el jardín de sus vecinos.

Esa fue la primera de muchas visitas a la doctora.

CAPÍTULO 3

Una experiencia transformadora

Pero... ¿cuál es la historia detrás de esta extraordinaria mujer?

Ella desde niña veía el mundo espiritual, quizá en una forma más burda. En ese tiempo comenzó a tener sueños premonitorios y veía a todos los seres que le rodeaban...los que eran visibles para los demás y los que no.

Lo que describe como su primer encuentro *"en bruto"* con la divinidad sucedió en el invierno de 1985. Ella se encontraba sola en su consultorio, cuando un joven -a todas luces drogado- se paró en su puerta. Con el rabillo del ojo alcanzó a ver el destello de un arma blanca en su mano y gritó pidiendo auxilio, sin embargo, de su boca no salió sonido alguno, ya que el grito fue *hacia adentro*. A pesar del frío invernal, la doctora comenzó a sentir un calorcito muy confortable atrás de ella: una energía cálida que poco a poco comenzaba a subir por su espina dorsal e hizo que el cabello se le erizara completamente. La energía la rebasó un metro o más y con eso desapareció su angustia. El hombre la miraba a los ojos... de repente volteó hacia arriba y con ojos de espanto salió corriendo. La doctora cayó de rodillas agradeciendo que la hubieran salvado.

Después de esto, todas las noches, durante los siguientes tres meses, pidió a Dios que le permitiera conocer a su guía, a quien sentía tan cercano. Al cumplir el tercer mes, se le concedió su deseo, soñándolo junto a ella en su lugar favorito: a la orilla del mar. Era un bello ser de unos dos o tres metros, quien, con todo el amor del mundo, la envolvió en un fuerte abrazo y le dijo:

—Siempre estoy contigo, Rosalía. Tú y yo vamos a hacer muchas cosas juntos, te voy a ayudar en todo lo que esté a mi alcance, en todo lo que me sea permitido.

Cuando se despertó, aún sintiendo el calor de ese abrazo, su energía era diferente. Ese *"Oye, aquí estoy"* fue como si le hubieran abierto una puerta al mundo espiritual. Si bien, ella estaba familiarizada con ese mundo, siempre había tenido una mente científica, propia de una doctora. Sin embargo, esa noche ésta se abrió a algo aún más grande.

Transcurrieron varios años y en septiembre de 1991 ocurrió algo que cambiaría su vida para siempre. Ella y su familia tenían planeado salir a El Paso, Texas (ciudad norteamericana ubicada en la frontera sur) para pasar el *puente* del 16, sin embargo, un dolor intenso en la mandíbula y en el cuello hizo que fueran primero a ver al médico. Después de revisarla, el doctor no encontró ningún signo alarmante y solo le recetó un analgésico. Rosalía y su familia decidieron continuar con sus planes, y emprendieron el viaje.

El trayecto de poco más de cuatro horas fue un suplicio para ella, ya que la pastilla parecía no surtir efecto.

Por fin llegaron a El Paso; se dirigieron al hotel y en cuanto entraron a la habitación, Rosalía se fue a acostar y se quedó dormida. Su sueño fue muchas veces interrumpido por el dolor, pues conforme pasaban las horas, éste aumentaba de intensidad. A las 12 de la noche era ya insoportable.

Se levantó para tomar su medicina y al volverse a acostar, sintió que había llegado su hora. Su primer pensamiento fue para Dios: "Padre mío, mis hijos todavía están muy jovencitos, pero si así es como debe de ser, aquí estoy...".

De repente, comenzó a salir de su cuerpo, por la parte superior derecha de la cabeza. Apenas estuvo afuera, milagrosamente cesó todo dolor y se vio flotando arriba de su cuerpo. Aunque era una sensación extraña, se dio cuenta que ya no sentía angustia, y eso la llenó de una gran paz. Inmediatamente después, se vio envuelta en la más completa obscuridad. Siguió flotando y sintiéndose cada vez más libre... más en paz... ya no había ningún pensamiento de apuro, nada absolutamente... De pronto, Rosalía se dio cuenta que, sin siquiera proponérselo, comenzaba a dirigirse hacia un punto de luz que actuaba como si fuera un imán gigantesco. No era un túnel... era un punto de luz. Este se fue haciendo más y más grande, hasta que sin saber cómo, se vio a ella misma parada en un hermoso monte. ¡El paisaje era impresionante! Su mente comenzó a trabajar, tratando de descifrar en dónde estaba. Maravillada, se dio cuenta que no era la Tierra, porque en ese lugar la luz estaba en todas partes (arriba y abajo) y los colores eran muy intensos. Rosalía no salía de su asombro, veía a lo lejos distintos animales, a todas luces depredadores, jugando con quienes normalmente serían sus presas. Un poco más lejos, también alcanzaba a ver unos edificios brillantes, como nacarados, e inmediatamente después, un camino lleno de flores. Comenzó a bajar por él, todavía cuestionándose: "¿Dónde estaré? Sé que no es la Tierra, pero... ¿a dónde habré llegado?".

En eso, se llevó las manos a los ojos:

— ¡Estoy viendo perfectamente y no traigo lentes!... Su sorpresa era porque desde los ocho años había usado anteojos.

De pronto apareció una mujer muy joven, vestida de blanco... llena de luz. Entonces, de mente a mente, la mujer comenzó a hablarle en una forma muy cariñosa. De inmediato reconoció su energía y se dio cuenta que se trataba de su abuela, a la que estuvo muy ligada desde pequeña.

— ¡*Abue*, yo pensé que te había perdido! - le dijo con el corazón desbordando de amor, mientras corría a abrazarla.

Rosalía sentía que le salía luz del pecho y ésta se manifestaba como una alegría muy intensa, pues hacía 17 años que su abuelita había dejado su cuerpo físico.

Con gran dulzura, ella le contestó:

— No, no me has perdido... ¡aquí estoy!

Cuando se abrazaron, la luz se hizo todavía más intensa y todo se iluminó... ¡el corazón no le cabía en el pecho de la emoción!

— ¡Mira quién ha llegado!

Rosalía volteó para descubrir que a sus espaldas se encontraba un Ser de Luz que medía lo que una casa de dos pisos (6 metros aproximadamente). ¡La luz que emanaba era bellísima! Se sentía una energía de amor, de protección...algo tan grande que no hay palabras que puedan describirlo.

El Ser de Luz empezó a hablarle por su nombre, mientras ella pensaba: "¿Cómo es posible que me conozca tan bien si yo estoy en otro plano?".

Entonces Rosalía le preguntó por sus hijos. El Ser le contestó con otra pregunta que la hizo cobrar conciencia:

— ¿Son tuyos, Rosalía?

— No, no son míos.

— Exacto… no son tuyos.

Luego mencionó su casa, y el bello Ser le preguntó:

— ¿Qué es tu casa, Rosalía? Un montón de piedras.

Ella se dio cuenta que le estaba señalando los apegos que todos tenemos, que si bien, son naturales, no tienen razón de ser. Él/Ella continuó hablando:

— No estamos aquí para obtener honores, riquezas ni nada por el estilo. Tu misión es ser una mejor persona… solo eso. Sin embargo, si tú o los demás desean cumplir con otra u otras misiones, están en completa libertad de hacerlo. Ahora, ¿cómo es posible que no sepas cuál es la tuya?

Ella se quedó helada, porque era algo que siempre se había preguntado. En ese momento, como por arte de magia, lo entendió perfectamente, y con gran entusiasmo exclamó:

— ¡Lo tengo! ¡Ya sé cuál es!

Sonriéndole de una manera hermosísima, el bello Ser le dijo:

— A ver Rosalía, ¿cuál es tu misión?

— ¡Servir a los demás!

— ¡Exacto, así es! —contestó riéndose—. Eso es algo muy simple y maravilloso. Tú elegiste un camino muy difícil. Cada uno de ustedes tiene un plan de vida, el cual ha sido elaborado por ustedes mismos... Dios no tiene nada que ver. Son sus Maestros y Guías los que les dicen qué problemas van a tener y les preguntan si le quieren entrar o no. Y son ustedes, únicamente ustedes, los que deciden. Si no quieren eso, pueden cambiarlo... así de simple. Inclusive, ustedes deciden cuándo van a morir.

Rosalía estaba fascinada absorbiendo toda esa sabiduría, cuando de repente, de la nada, apareció una pequeña pantalla de aproximadamente 20 centímetros y comenzaron a salir todas las imágenes de su vida, desde el momento de su nacimiento... absolutamente todo, lo bueno y lo malo. Ella veía sorprendida la pantalla, fijándose solamente en sus errores, en sus omisiones, y se empezó a sentir muy mal. "¿Por qué hice eso? ¿Por qué no hice aquello...?"

Al momento de ver la última imagen, el Ser la envolvió en su luz y la levantó con mucho amor y delicadeza, hasta que la hubo colocado frente a su rostro. Entonces, con una gran dulzura, le dijo:

—Es un aprendizaje Rosalía, solo un aprendizaje.

Cuando ella dejó de angustiarse y de sentir esa desesperanza por haber cometido tantos errores,

Él/Ella la puso de nuevo en el piso. En ese momento le dijo que tenía que regresar, pero Rosalía contestó que no. Como ella misma lo cuenta, *"se le puso al brinco"*, sin embargo, el Ser respondió autoritario, pero a la vez, amoroso:

— No, si no es que quieras o no... TIENES que regresar.

Rosalía entonces movió los hombros hacia arriba como diciendo: "*¿Pues ya qué...? Ni modo*".

En ese momento la enviaron de regreso a su cuerpo. Ella sintió como si hubiera caído de una altura tremenda... rebotó en su cuerpo y por poco se cae de la cama. En cuanto entró, volvió a sentir el dolor. Volteó a ver el reloj, eran las 7 de la mañana... habían pasado 7 horas, que a ella le parecieron 5 minutos. ¡No podía creer lo que le había sucedido!

Afortunadamente, con el paso de las horas el dolor fue cediendo hasta desaparecer por completo y Rosalía y su familia pudieron finalmente disfrutar del 'puente'.

Lo primero que hizo al regresar a Chihuahua, fue ir a consulta con el Cardiólogo. Éste no encontró nada alarmante, solamente un bloqueo, el cual presumiblemente había sido el causante de aquel inmenso dolor.

Pasaron los días. Ella le contó su experiencia a su esposo e hijos, pero ninguno le creyó y solamente le dijeron que lo había soñado. Entonces decidió no hablarlo con nadie más.

A partir de aquel día, comenzó a sentir que ya no era la misma de antes. Dejó de enojarse por cualquier cosa, de querer que todos fueran a su ritmo, de ser impaciente. Sorprendentemente, la nueva Rosalía pronto aprendió estar relajada, tranquila, a ser más tolerante, a aceptar a las personas como son, a saber que cada quién es como es y uno tiene que respetarlo. De repente se sorprendía diciendo cosas como: *"Si algo no se puede solucionar ahorita, se solucionará después"*.

Claro que esa nueva forma de ser la inquietaba y todos los días le preguntaba a Dios qué le estaba pasando. Pasaron dos años y ella no obtenía respuesta.

Un día, su hija la invitó a una tienda de libros usados. Entraron al lugar que, a diferencia de la lujosa librería que es hoy en día, en ese tiempo constaba solamente de dos cuartitos oscuros.
Comenzaron a caminar, cuando de pronto los ojos de Rosalía se toparon con un libro que parecía tener luz propia. Emocionada, se acercó y tomó en sus manos el despastado libro. Se trataba de *"Vida Después de la Vida"*, del Psiquiatra Raymond Moody.

En éste, el autor narra casos muy similares a lo que Rosalía vivió y concluye que hay nueve experiencias comunes en la mayoría de las personas que han tenido una ECM (Experiencia Cercana a la Muerte):

- ✓ *Sonidos audibles (por ejemplo, un zumbido)*
- ✓ *Sensación de paz y ausencia de dolor*
- ✓ *Tener una experiencia extra corporal (sentir que se sale del cuerpo)*
- ✓ *Sensación de viajar por un túnel*
- ✓ *Sentimiento de ascensión al cielo*
- ✓ *Ver distintos tipos de seres, a menudo, parientes ya fallecidos*
- ✓ *Encontrarse con un ser luminoso*
- ✓ *Revisar su vida*
- ✓ *Sensación de aversión con la idea de volver a la vida.*

Rosalía lo devoró, y sintiéndose aliviada al comprobar que su experiencia era muy similar a la de miles de personas, dijo:

— ¡Dios bendito, no soy la única!

Para entonces, ella añoraba la vida en el Otro Lado y de la nada lloraba porque extrañaba la Luz. Por ejemplo, si alguien hablaba con miedo de la muerte, respingaba de inmediato:

— ¡Pero si la muerte es algo hermoso! ¡Es como atravesar una puerta, ahí se acaban todas las dificultades, la angustia... todo cesa... todo es paz...!

O cuando veía algún sepelio, le decía a su esposo:

— ¡Ay, tengo envidia de la buena! Mientras todos lloran, ¡cómo quisiera ser yo la que estuviera en esa caja...!

La gente la veía como bicho raro, pero eso no le importaba. Estaba segura del gran regalo que había recibido, y el saber que alguien había hecho un estudio de forma científica donde validaban lo que ella había experimentado, fue simplemente algo maravilloso. Y por primera vez en mucho tiempo, sintió paz.

CAPÍTULO 4

Otra manifestación y un nuevo regalo:
se abren las puertas

Tiempo después (más o menos en 1993 ó 1994), su guía volvió a manifestarse.

Era un viernes, -casualmente como la vez anterior- de invierno, y en esta ocasión también se encontraba en su consultorio. Había prendido el calentón, así que tenía la ventana un poco abierta. De repente, escuchó claramente una voz –no al oído... como si alguien estuviera en la habitación- que le decía:

—Cierra bien la ventana y llévate todas las cosas de valor.

Su primer pensamiento fue: *¡Van a entrar!*, entonces tuvo una visión de tres individuos, muy diferentes entre sí: uno gordito, uno muy alto y otro muy delgado. La doctora se dijo a sí misma: *Esos tres van a* *entrar al consultorio... bueno, pero, ¿qué me llevo? ¿Qué tengo de valor?* Sus ojos se toparon con una bolsa de plástico llena de monedas. Ella las regalaba a todo aquel que le pidiera para el pasaje (su consultorio estaba muy cerca de una parada de camión), ya que se le hacía muy feo no ayudarlos. La bolsa ya estaba muy vieja y hasta rota, había en ella 300 pesos. *No, pues eso ahí lo dejo, no tiene caso que me lo lleve* – pensó. Decidió llevarse solo su estetoscopio.

El sábado fue un día normal, no pasó nada.

El domingo a las seis de la mañana le llamó el dueño de la farmacia que quedaba junto a su consultorio y le dijo lo que ella temía: la puerta estaba forzada y la policía quería que fuera para revisar qué faltaba.
Cuando llegó, los policías le contaron que una media hora antes, mientras daban vuelta hacia la calle del consultorio, vieron salir despavoridos a tres hombres (*obviamente,* pensó ella, *porque mi guía se les debe de haber aparecido*); se los describieron... ¡eran los mismos de la visión que tuvo!

Entró al consultorio y lo primero que notó fue que las monedas estaban separadas en montoncitos (de diez, de cinco, de peso), pero todo el dinero estaba ahí. *Efectivamente* –se dijo a sí misma–, *¡mi guía se hizo presente!*

—No se llevaron nada, oficiales – dijo a los policías

—A ver, busque bien

—No, miren, aquí está este dinero que fácilmente se lo hubieran podido echar al bolsillo, pero ni eso se llevaron.

Al igual que en la ocasión anterior, en cuanto se fueron los policías cayó de rodillas y dio gracias a Dios y a su amado guía por haberse manifestado nuevamente.

Cinco o seis años después (en 1999), tuvo un sueño en el que le dijeron que iba a recibir un regalo divino para que pudiera ayudar a sus semejantes. No podía creer lo que estaba escuchando: ¡era la respuesta a sus súplicas! Desde que se había iniciado en la medicina le pedía a Dios que le diera el don de quitar el dolor a sus semejantes, especialmente a los bebés y a los niños pequeños. ¡Le partía el alma oírlos llorar, incapaces de explicar lo que sentían! Pedía también a su ángel de la guarda que se contactara con el ángel de la guarda de su paciente, para que lo rodeara la salud.

Pues bien, ella recibió el mensaje en el sueño y con gran emoción dijo: "OK".

Un día se encontraba acompañando a su mamá con un café, mientras ésta cenaba. Eran las 6 de la tarde y platicaban de cosas banales. De repente, Rosalía fijó la vista al frente, y el comedor comenzó a llenarse de una cortina de luz extraordinariamente brillante... tanto, que Rosalía se quedó paralizada. Entonces, de la luz salió un joven hermoso:

— Hermanita, soy Manuelito...

Rosalía se quedó helada...sabía que había tenido un hermano al que nunca pudo conocer por haber muerto a consecuencia de una enfermedad, dos meses antes de que ella naciera.

El bello joven continuó:

—Yo sé que no me han sentido cerca de ustedes, pero sí pertenezco a esta familia y soy el portador de esta puerta espiritual que se abre para ti.
Rosalía seguía sin poder moverse, y comenzó a llorar. La mamá le preguntó qué sucedía, pero como no obtuvo respuesta, se puso de pie para ayudarla. En eso, la intensa luz desapareció, y Rosalía comenzó a moverse poco a poco y a contarle lo sucedido a su mamá. La señora no lo podía creer, pero al final comprendió que había sido testigo de algo grandioso.

Rosalía, por su parte, supo que esa tarde le habían abierto las puertas para poder entrar a tales dimensiones. Pero no fue algo fácil, le llevó aproximadamente dos años acostumbrarse a esa luz y a su vibración tan alta.

Tres años después de ese gran regalo, comenzó a sentir un gran interés por la Tanatología. Desgraciadamente, en su ciudad no había nadie que impartiera los cursos, éstos eran en la ciudad de México y tenían una duración de dos años.
"¡Dos años! ¿Y luego después de qué vivo?" —se preguntaba la Dra.
Al poco tiempo, en el año 2002, llegó la Universidad de la Laguna a Chihuahua... ¡precisamente con el módulo de Tanatología! Aunque costaba un ojo de la cara, Rosalía se inscribió, convirtiéndose diez meses después, en el único médico de esa generación.
Una vez más pudo comprobar que Dios realmente nos escucha.

La transformación de Rosalía siguió y todavía había algo más que aprender. En el año 2003, su hija le pidió que la acompañara a una sesión de Reiki. Ninguna de las dos sabía qué era eso; lo único que la hija había escuchado es que era una terapia de sanación. Intrigada, la doctora aceptó.

Cuando llegaron al lugar, Rosalía pidió permiso de entrar a la sesión. Como la terapeuta dijo que no, la hija le comunicó que entonces tampoco ella entraría. La señora no tuvo entonces más remedio que aceptar. Las pasó a una habitación que tenía una camilla. La hija se quitó los zapatos y se acostó en ésta. Cerró los ojos y comenzó a escuchar una música suave y a percibir diferentes aromas. La terapeuta colocó sus manos (sin tocar a su paciente) sobre los diferentes chakras y la energía Reiki comenzó a fluir. Rosalía miraba fascinada cómo salía luz de las manos de la terapeuta y cómo entraba al cuerpo de su hija. Percibía también colores y veía varios seres a su alrededor. Inclusive, llegó a ver lo que nos sujeta a la vida: el cordón de plata, el cual era muy grueso y de gran longitud. "Wow!" –pensó Rosalía– "¡Esto es una maravilla!".

Apenas hubo terminado la sesión, la doctora les dijo todo lo que había visto. Ambas quedaron igual de sorprendidas y Lety le ofreció entrenarla sin costo alguno... Un regalo más del Cielo para que Rosalía pudiera cumplir con su sueño: ayudar a los demás.

CAPÍTULO 5

Cuidado con lo que pides

En el año 2005, Rosalía comenzó a sentirse muy extraña, exactamente cuando solo faltaba un mes para su cumpleaños número 59. Se levantaba con un deseo inmenso de contemplar el amanecer *'porque ya no lo iba a ver'*. Desconociendo el por qué de ese sentimiento, solita se preguntaba: *¿Y por qué no lo vas a volver a ver, Rosalía?*, pero no encontraba la respuesta. También sintió de repente la necesidad de ordenar su closet y de regalar muchas cosas.

El día de su cumpleaños se acercaba. El 28 de agosto salió con su esposo a la calle y regresaron como a las 9 de la noche. Llovíznaba un poco, por lo que él la dejó frente a la casa para que no se mojara, y se fue a estacionar. Rosalía volteó para asegurarse que no vinieran carros y se esperó hasta que pasó el último; entonces cruzó la calle. Sorpresivamente, el conductor se regresó en reversa, impactándola tan fuerte y haciéndola caer de rodillas. La persona que iba manejando traía la música a todo volumen y los vidrios polarizados, lo más probable es que no haya visto ni escuchado nada, ya que se alejó sin prestarle ayuda. Cuando Rosalía cayó, oyó que alguien decía: *¡Ya chocaron!* El ruido fue tan fuerte que efectivamente, parecía como si hubieran chocado dos carros.

En ese momento salió de su cuerpo y comenzó a subir por una especie de chimenea oscura. En la parte de arriba vio el cielo hermoso, y sintiendo una gran alegría dijo: *¡Ay… voy hacia allá… qué maravilla!* Para su sorpresa, apenas terminó de decirlo, sintió cómo la regresaban y entró súbitamente en su cuerpo; fue algo tan de repente que quedó sumamente descontrolada. La boca comenzó a saberle a sangre porque se había mordido la lengua y parte del labio. Su esposo regresaba de estacionar el carro y se llevó el susto de su vida al encontrarla hincada en el pavimento. Ella trató de ponerse de pie, pero no podía. Finalmente, ayudada por su marido, se levantó y corrieron al hospital. El Ortopedista que la revisó –y que era su amigo– le dijo:

— Parece que no tienes nada fracturado, pero te vamos a sacar unas radiografías para estar seguros.

Le tomaron tres de tórax, y para sorpresa de todos, no tenía ninguna fractura. Entonces le cosieron el labio y la mandaron a su casa.

Como era muy tarde cuando llegaron, decidieron esperar al día siguiente para llamar a sus dos hijos. El hijo varón, quien también había elegido la carrera de Medicina, estudiaba la especialidad en la Ciudad de México. Al día siguiente, su esposo le dio la noticia por teléfono:

— Ayer atropellaron a tu mamá, pero gracias a Dios no le pasó nada, ella está bien. Ahorita te la paso para que te cuente.

Entonces Rosalía tomó el teléfono y escuchó llorar a su hijo.

— *¡Tranquilo hijo, que no me pasó nada!*

El joven contesta:

— No mamá, déjame contarte. El sábado me acosté

temprano porque sentía el cuerpo cortado y al día siguiente tenía que ver unos pacientes a primera hora en el hospital. Me tomé un analgésico y comencé a quedarme dormido. En eso escuché la voz de mi abuela paterna diciéndome: *Rosalía ya se va.* Lo primero que dije fue: *¡No...! ¿Por qué mi mamá? ¿Qué le va a pasar?* Luego, escuché otra voz desconocida diciéndome lo mismo: *Ella ya se va.* Yo pregunté entonces si te ibas a enfermar, pero la voz no me respondía directamente... solamente me decía que ya te ibas. De repente salí de mi cuerpo, por la espalda, y llegué al mismo lugar al que fuiste tú.

El hijo comenzó entonces a describirlo:

— Mamá, qué cosa más maravillosa... el césped, el cielo brillante... ¡precioso...!

...y a Rosalía no le quedó ninguna duda de que él había estado ahí. Su hijo siguió hablando.

Le dijo que lo habían pasado con un hombre de barba, vestido de blanco y que le habían indicado que se sentara. Él empezó a explicar por qué su madre tenía que quedarse en la Tierra, pero el hombre le decía que ellos la necesitaban allá.

— Después de un buen rato, algo pasó, continuó su hijo. Creo que debo de haber firmado un cheque en blanco, porque lo único que recuerdo es que el hombre de barba me dijo: *Te la regresamos*.

Al escuchar esto, Rosalía sintió como si le hubieran echado un balde de agua fría. Toda su vida había dicho que no quería llegar a ser una anciana (bien dicen que cuidado con lo que pides, porque se puede hacer realidad, ¿verdad?) y siempre supo que moriría antes de eso... De repente comprendió que el día que la atropellaron iba a ser el último de su existencia, pero gracias a la intervención de su hijo, la fecha cambió. Ella quedó impactada por el nuevo conocimiento que había adquirido: que hasta la muerte es negociable.

Entonces comenzó a atar cabos. Recordó lo que había hecho ese día: había ido a visitar a su mamá, y abrazándola, le había dicho que la quería mucho. La mamá estaba desconcertada, ya que su hija no era normalmente tan cariñosa. Cuando estaba por retirarse, se despidió como veinte veces de ella, pues –no pregunten cómo- sabía que no la volvería a ver. Uno de sus sobrinos que ahí se encontraba, le decía que la quería mucho y la abrazaba. Era como si él también supiera que no se volverían a ver.

Con sorpresa, recordó también que ocho meses antes había contratado un seguro contra accidentes. Le habían hablado por teléfono y ella les había dado el número de tarjeta para que le descontaran 20 dólares mensuales y así dejar a su esposo una suma considerable de dinero en caso de que ella falleciera a causa de un accidente... Ahora que lo veía fríamente, no podía creer que hubiera dado el número de tarjeta a un desconocido, así como así. Pero todo tenía una razón de ser.

La doctora se despidió de su hijo y le contó todo a su marido y a su hija, quienes se sorprendieron tanto como ella.
A partir de ese día, dejó de molestarle la posibilidad

de llegar a ser una anciana y aunque todavía desea regresar a la Luz, está feliz de seguir con vida, ayudando a todo aquel que lo necesite.

A su hijo y al hombre de barba blanca, mi más sincero agradecimiento en nombre de todos los pacientes que ella ha sanado.

SEGUNDA PARTE

MIS ANTECEDENTES
(POR QUÉ CREO EN LO QUE CREO)

CAPÍTULO 6

Ángeles

Los ángeles[1] son parte importante de mi vida. Si bien mis experiencias con ellos no han sido tan extraordinarias como las de la doctora Altés, estoy convencida de que yo –al igual que cualquier otra persona- cuento con la ayuda incondicional de esos seres maravillosos. Todos los días les hablo para pedir ayuda, protección y… ¿por qué no?, un buen lugar para estacionarme. Los dejo al cuidado de mi casa y mis mascotas, los mando al trabajo con mi marido, a la escuela con mis hijos y los invito a donde quiera que vaya, inclusive les pido que sean ellos los que manejen, que hagan mi carro y mi persona invisibles para el mal, etc.

El primero del que tuve noción fue el ángel de la guarda, ya que en la recámara que compartía con mis

---

[1] ángel. (Del lat. *angĕlus,* y este del gr. ἄγγελος, mensajero).

tres hermanas, teníamos colgada la clásica imagen de dos niñitos cruzando un puente y un hermoso ángel detrás de ellos. Las primeras oraciones que mi mamá nos enseñó y que repetíamos antes de dormir, incluían precisamente a estos seres:

Ángel de la guarda, dulce compañía, no me desampares ni de noche ni de día, hasta que me entregues en los brazos de Jesús y de María.

—

Con Dios me acuesto, con Dios me levanto, con la Virgen María y el Espíritu Santo

—

Cuatro esquinitas tiene mi cama, cuatro angelitos guardan mi alma.

Nunca tuve problema para entender que los seres humanos tuviéramos esa clase de ayuda, si tenía miedo solo invocaba a mi ángel y me llenaba de una gran paz. Sin embargo, mi percepción cambió al crecer y pronto eso quedó en un lugar apartado de mi mente, al lado de Santa Claus (o *Santoclós*), las hadas y los duendes.

Afortunadamente, el tema de la angelología[2] se puso de moda nuevamente cuando me convertí en mujer adulta y esas bellas figuras aladas comenzaron a llamar poderosamente mi atención, eso sí, completamente fuera de un contexto religioso.

Pero, ¿qué es un ángel? La Real Academia de la Lengua Española lo define como "espíritu celeste criado por Dios para su ministerio", mientras que la Enciclopedia Universal dice que es un "ser sobrenatural o espíritu puro que sirve a Dios y hace de mensajero".

Mi intención no es descubrir el hilo negro, solo quiero contar algunas de las maravillosas historias en las que han participado.

---

[2] angelología. (Del lat. *angĕlus* 'ángel' y *-logía*). Estudio de lo referente a los ángeles.

Comenzaré con los libros que hablan de ellos. Lógicamente, hay muchos sobre este apasionante tema, pero estos son los que han llegado a mis manos y me han atrapado:

- ✓ Ángeles de la guarda. Su clasificación, oraciones y ejercicios para acercarnos a ellos.
  Paul Roland
- ✓ Manual de ángeles. Di ¡sí! a los ángeles y sé completamente feliz.
  Lucy Aspra
- ✓ Método para invocar y caminar con los ángeles.
  Editorial Época
- ✓ Una Vida con Ángeles.
  Tania Karam

Y bueno, si lo que quieren es comunicarse con ellos, los dos que menciono a continuación son mis consentidos. Ambos se pueden leer en orden o al azar; yo prefiero esto último para que me sorprendan con lo que me tienen que decir:

✓ Guía diaria de tus ángeles

365 mensajes angelicales para aliviar, sanar y abrir tu corazón.

Doreen Virtue

✓ Armonía y Equilibrio Interior. Mensajes de los Ángeles para Sanación e Inspiración.

Terrie Marie, la dama de los ángeles

Este último es doblemente especial para mí, ya que tuve el honor de traducirlo del inglés al español. Más adelante les contaré cómo fui elegida por los ángeles para ese trabajo.

No se sabe a ciencia cierta dónde o cuándo comenzó la historia de los ángeles, es probable que se remonte a la época de los sumerios, puesto que los arqueólogos encontraron una columna de piedra en la que se muestra una figura alada, un habitante de los siete cielos vertiendo el agua de la vida en la copa de un rey.

Lo que sí se sabe es que la humanidad ha estado –y sigue– fascinada con los ángeles. ¿Y cómo no? El contar con la ayuda sobrenatural de estos seres es algo que conquista a cualquiera. Aunque claro, hay personas que -como yo- tardan en darse cuenta del gran regalo que Dios nos ha dado y habrá otras que jamás lo sabrán.

En mi caso, tuve la fortuna de volver a creer en ellos siendo ya una mujer casada de 28 años.

Digamos que mi despertar comenzó en 1993 en la ciudad de la Eterna Primavera (Cuernavaca). Mi esposo había recibido un ofrecimiento para trabajar en una filial de la maquiladora para la que ambos laborábamos en la ciudad de Chihuahua y sin dudarlo, nos mudamos para allá.
Muy pronto descubriríamos que cerca de la casa que rentábamos había una escuela gnóstica. A los dos nos interesaba mucho el esoterismo, de hecho cuando éramos novios llegamos a tomar algunos cursos (Conciencia Superior, Biogeneradores y Los Siete Principios Universales), así que de inmediato nos inscribimos y comenzamos a ir a clases.

Ahí conocimos a personas muy agradables y lo más importante, afines a nuestra manera de pensar. Los que más recuerdo son cuatro: el matrimonio formado por Amalia y Fernando Serafín, José Luis Miranda y otro muchacho (perdón, pero no me acuerdo cómo se llamaba). El gusto nos duró muy poco, ya que a los pocos meses tuvimos que regresar a Chihuahua. Faltando dos días para que saliera nuestra mudanza, nuestros cuatro nuevos amigos fueron a despedirnos al hermoso condominio donde vivíamos. Todos llegaron a media tarde; comimos, bebimos y platicamos de mil cosas, la mayoría relacionadas con los temas que tanto nos apasionaban.

Mi marido y yo éramos los únicos que no percibíamos el mundo de los espíritus, así que nos deleitamos con las experiencias extrasensoriales que nuestros invitados compartían. ¡La plática estaba de lo más entretenida!

José Luis nos contó cómo una vez sintió presencias en el cuarto de un hotel muy viejo –entre muchas otras historias-, mientras que Amalia y Fernando nos explicaron lo que estaban aprendiendo en un diplomado de Tanatología[1]. Amalia era una persona igual de sensible que José Luis y de repente anunció que no estábamos solos, un familiar de Fernando –ya fallecido– nos hacía compañía. ¡Eso era súper emocionante para mí...bueno, para todos!

La plática siguió y Amalia y Fernando nos platicaron sobre Sarita Otero, una señora que aparentemente había sido contactada por seres de luz. En un principio ellos se presentaron como extraterrestres (nuestros hermanos mayores), sin embargo, años después Sarita se enteraría que uno de esos seres era supuestamente el Arcángel Miguel. Por esto último es que incluyo esta parte en el libro, ya que aunque soy imparcial y no es mi papel ni validar la historia de la señora, ni dudar de ella, esto forma
parte de mi despertar al conocimiento sobre los ángeles.

---

[1] tanatología. (De *tanato* y *-logía*). Conjunto de conocimientos médicos relativos a la muerte.

Su caso nos emocionó tanto que nos dieron ganas de ir a conocerla, pues vivía muy cerca de Cuernavaca (en Amatlán de Quetzalcóatl). Desafortunadamente, todos teníamos algo que hacer, nuestros amigos debían ir trabajar y mi marido y yo, terminar de empacar. Seguimos platicando y horas después -sin saber ni cómo- cada uno de nosotros fue resolviendo sus pendientes y nos pusimos de acuerdo para ir al día siguiente.

Nos despedimos con mucho entusiasmo y por la mañana nos fuimos a la aventura. Habíamos quedado de vernos en un restaurante a la salida de Cuernavaca; cuando llegamos mi esposo y yo, ya estaban todos ahí.
El trayecto fue relativamente corto y ya en el pueblo fue fácil encontrar Villa Sarita, la casa de la señora. Apenas nos estacionamos, ella salió a recibirnos, como si nos estuviera esperando.

Sarita nos pasó a la sala y nos preguntó en qué podía servirnos. Todos contestamos que solamente queríamos conocerla y escuchar acerca de su experiencia. Ella accedió de muy buena gana y comenzó a narrar su maravillosa historia. Debo aclarar que no me quedan del todo claros los detalles del contacto, ya que lo que recuerdo que ella nos platicó es un poquito diferente de lo que años después salió en el famoso programa mexicano de televisión de Silvia Pinal "Mujer, Casos de la Vida Real". Ahí en ninguna parte se menciona a los extraterrestres, solamente se habla de ángeles, pero como esta plática sucedió hace casi ya 21 años, contaré esta versión de Televisa, la cual pude transcribir gracias a que encontré el programa en *youtube*.

La historia empieza cuando Sarita se encuentra en un supermercado, a punto de comprar una Ouija para su nieta. Al estirar la mano para tomar el juego, un hombre de cabellos rubios y largos se le aparece y le dice que no lo haga. Ella coloca el juego en su carrito, sin prestar atención a sus palabras. De pronto, se da cuenta que el hombre ya no está y eso la deja un poco desconcertada.

Posteriormente, ya en su casa, se pone a jugar a la Ouija con su hija, su nieta y otras dos mujeres. La hija quiere invocar a algunos artistas famosos, mientras que la nieta prefiere que sea alguien que la asuste. Como no se ponen de acuerdo, Sarita se coloca frente al tablero, diciendo que quiere comunicarse con el espíritu de su fallecido padre, a quien extraña mucho. Pone sus manos en el artefacto de plástico y éste comienza a moverse. El mensaje es muy claro: "Aléjate de la Ouija". Acto seguido, como si se tratara de una película de terror, se les va la luz. ¡Las cinco mujeres se quedan petrificadas y solo atinan a rezar la oración del Ángel de la Guarda!

Esa noche, el mismo hombre que le había dicho a Sarita que no comprara el juego, le dice al oído: "¡Quémala!". En ese momento su esposo entra en la habitación y ella le pregunta si fue él quien dijo eso. Extrañado, contesta que no y se va a revisar toda la casa. Su mujer está tan asustada que comienza a pedir a Dios que los proteja. En eso, el hombre de cabellos rubios se materializa y le dice:

— No temas, quema esa tabla. Prepárate, tú serás un canal para irradiar amor.

Sarita se queda totalmente desconcertada.

– ¿Yo? –se pregunta. ¿Pero por qué yo? No… yo no…

Justo cuando dice esas palabras, entra su marido en la habitación y cuando le hace ver que está hablando sola, se desmaya. El pobre se asusta mucho, ya que su esposa tarda en volver en sí.

Días después, los dos van al médico a recoger los resultados de sus análisis. A pesar de que son buenas noticias (está perfectamente sana), el esposo no entiende por qué su mujer escucha voces; el médico se lo atribuye al estrés. De repente, la conversación gira en torno de los ángeles; el marido de Sarita comienza a molestarla, pidiéndole que por favor no se obsesione con ellos y le dice que solo son un mito. Él argumenta que si en realidad existieran, no se pondrían en contacto con una simple mortal, sino con gente poderosa para que acabara con las guerras o con algún científico para que acabara con el SIDA.

De regreso en su casa, Sarita, su hija y su nieta Tere proceden a quemar la OUIJA. Mientras la tabla arde en fuego, la niña pide permiso para jugar enfrente de su casa.

Estando ahí afuera, se le va su pelota y no se da cuenta que viene un carro. Justo cuando la niña está a punto de ser atropellada, se aparece el hombre alto y de cabellos rubios, que la regresa a la banqueta. Tere le da las gracias y el hombre le pide que le dé un mensaje a su abuelita: "Dile que tenga fe y que iré a visitarla el sábado a las 7 de la tarde". Ella le pregunta su nombre, a lo que el hombre responde que tiene muchos, pero el que más le gusta es Alaniso.

En ese momento, tres mujeres ven a la niña tirada en la banqueta, inconsciente. Se acercan a brindarle ayuda y la llevan a su casa. Ahí vuelve en sí y lo primero que hace es decirle a su abuela:
— Vi a tu amigo Alaniso.
— ¿Alaniso? ¿Qué dices?
— Alaniso me dijo que es un guardián del universo, que es paz y amor... que tengas fe y que vendrá el sábado a las siete a verte.

Tere les cuenta que él le salvó la vida. Extrañada, la abuela le pregunta a las señoras que la llevaron si lo habían visto, pero ellas contestan que no.

— ¡Es que era un ángel, abuela!

La respuesta de la niña deja a todas desconcertadas.

Días después, Alaniso se vuelve a aparecer momentáneamente a Sarita, mientras ella da limosna a una anciana en la calle, pero en esta ocasión no le dirige la palabra.

Y por fin llega el sábado. Faltando cinco minutos para las siete, Sarita se pasea de un lado al otro de la sala, sumamente inquieta. Su marido le pregunta por qué está así y ella le recuerda lo que dijo Tere. Exasperado, él le pide que no haga caso de eso, que se trata solamente de una fantasía, pues –según él– los ángeles no existen.

— ¡Ya parece que va a venir aquí un ángel con alas y todo, hombre! ¡Por favor cálmate!

Le pide que no se obsesione y le sugiere que mejor se tome un té de tila y le haga uno de hojas de naranjo a él. Sarita se tranquiliza con las palabras de su marido y se va a la cocina a prepararlos.

Su esposo se sienta a leer un libro y de repente, la luz comienza a parpadear. Intrigado, se levanta para revisar el foco. De pronto, algo lo hace voltear... es Alaniso, irradiando una hermosa luz en medio de la sala.

— ¡Sarita! – grita su esposo-. En ese momento, ella entra con una charola y también lo ve.

— Hay una persona aquí en la sala, ¿quién es?
Antes de que ella diga nada, Alaniso le da unas instrucciones:

— Escúchame Sara, vas a ir al cuarto 107 del Hospital Santa Rosa y vas a rezar por Tomás. La fuente de la salud es tu luz interior. Esa luz es amor y fe. Tu energía amorosa es una vereda para Dios. Estás bendecida de muchas maneras y bendecirás al prójimo.

Sarita deja la charola en la mesita de centro, tratando de procesar las palabras de Alaniso. Su esposo, apurado, le dice que deben de ir a ese hospital. Ella se emociona al darse cuenta que él también lo vio y lo escuchó.

Los dos se dirigen al hospital y mientras ella se queda en la sala de espera, su marido se va a investigar. Regresa con

ella y le dice que, efectivamente, en el cuarto 107 se está muriendo de cáncer linfático un muchacho que se llama Tomás. A pesar de saber que lo que les dijo Alaniso es verdad, Sarita duda en ir a su habitación. No siente que pueda hacer nada por el joven y le dice a su esposo que hacerlo sería darle falsas esperanzas a la mamá. Sin embargo, él, habiéndolo previsto, le comenta lo que le dijo a la señora: que su mujer solo entraría a rezar por el alma de su hijo.
No muy convencida, Sarita accede y los dos se dirigen al cuarto 107.
Al entrar, ella pide quedarse sola con el muchacho y le pregunta si cree en los ángeles. Luego pone una mano en su frente, cierra los ojos y Alaniso aparece, colocando una mano sobre la de Sarita y la otra en su cabeza. Sin saber ni lo que dice, de la boca de la mujer salen las siguientes palabras:

—Todo lo que existe viene de la fuente de la sabiduría divina. El amor de Dios comprende y transforma dolor y sufrimiento en salud y luz.

La voz de Alaniso se une a la de Sarita:

— La ternura de Dios es la brisa sobre la yerba, es la mano amorosa que da la caricia perfecta, es el toque que cura, es la mirada que lleva belleza, vida, abundancia y sin pedir nada a cambio.

Sarita se queda en silencio y Alaniso concluye:

— El poder de curación del amor ahora fluye en tu cuerpo, Tomás. Tienes una misión en la vida... Tomás, la salud sea contigo.

Tomás despierta y le pide a Sarita que le dé agua. Tiempo después, ella recibe dos visitas: la primera del joven, quien -totalmente recuperado- agradece a ella y a los ángeles el haberle devuelto la salud.

La segunda visita, por supuesto, es de Alaniso, quien le dice que debe dejar de comer carne y le pide que se vaya a vivir al campo, específicamente a Amatlán de Quetzalcóatl.

Sarita no titubea ni un instante, por lo que ella y su familia se van a las faldas del Tepozteco donde ella se dedica a ayudar a la gente y mantiene el contacto con Alaniso y otros seres de luz.

Fuente: www.youtube.com. *Casos de la Vida Real: Sarita Otero*

Después de escuchar tan interesante historia, todos nos quedamos con la boca abierta.
Algo que no se mencionó en el programa de televisión, pero que Sarita sí nos contó fue que Alaniso le había pedido que se hiciera vegetariana, pues –le dijo- los humanos no tenemos derecho de privar de la vida a otro ser.

Entonces nos preguntó si queríamos recibir un mensaje de Alaniso. Obviamente, todos contestamos entusiasmados que sí. Ella tomó una hoja de papel en blanco, escribió la palabra AMOR, colocando las letras en diferentes lugares del papel: arriba, abajo, a la derecha y a la izquierda. Luego, con una rapidez impresionante, comenzó a mover la mano y aparentemente a transmitir lo que Alaniso tenía para nosotros. Aunque no recuerdo nada de lo que le dijo a los demás, sí sé que todos estábamos absortos, escuchando los mensajes. Cuando llegó mi turno, la ternura de las primeras palabras hizo que éstas quedaran grabadas en mi mente:

— Hermanita, la más pequeñita...

Mis ojos se llenaron de lágrimas al percibir el amor y la compasión detrás de ellas.
A grandes rasgos, lo que se me dijo fue que yo apenas comenzaba mi camino espiritual -lo cual era cierto- y que ellos estaban ahí para ayudarme. Luego nos contó a mi marido y a mí cómo nos habíamos conocido –en otra vida-, cuál había sido nuestra relación y por qué estábamos juntos ahora.

Sarita contestó a todas nuestras preguntas con mucha amabilidad y ya para despedirnos, mi esposo y yo le compramos cuatro libros supuestamente dictados por

Alaniso. Digo "supuestamente" con todo respeto, ya que como dije, debo ser imparcial.

Después de haber pasado una tarde increíble, dimos las gracias a Sarita y a Alaniso y nos fuimos con el corazón rebosando de paz; al día siguiente regresamos a Chihuahua, sintiendo que no pudimos haber tenido mejor despedida.

Veintiún años más tarde escribo este libro y un día la vida nos lleva de nuevo a Tepoztlán, o mejor dicho, a las puertas de la casa de Sarita. A ese maravilloso Pueblo Mágico habíamos vuelto un par de veces. Mi esposo no había hecho mucho por volver a verla y yo no me había animado a buscarla antes, porque no había podido hacerme vegetariana, pero esta vez fue diferente: en pocos días cumpliría seis meses de haberlo logrado... yay!).

En esta ocasión, mi marido y yo fuimos invitados a una boda, por lo que aprovechamos para ir a Villa Sarita. Unos amigos de Cuernavaca nos habían dicho años atrás que el lugar estaba siempre repleto de personas que buscaban ser sanados y que era muy difícil encontrar lugar. Efectivamente, la agenda estaba llena, pero al decirle a la amable recepcionista (quien resultó ser la nieta de Sarita que aparece en el programa de televisión) que habíamos estado ahí 21 años atrás, que veníamos desde El Paso, Texas y solo queríamos saludar a su abuela, accedió a dejarnos pasar entre un paciente y otro para que recibiéramos energía.

Mientras esperábamos, nos pusimos a platicar con una jovencita que estaba sentada junto a mí. Nos contó que llevaba seis meses asistiendo a las curaciones y haciendo todo lo que los Maestros pedían (ah, porque ya no era Alaniso solo, sino un grupo de seres igual de especiales que él):

a) Dejar de consumir cualquier tipo de carne, ya que –según ellos- el planeta Tierra no evoluciona por tanta crueldad que hay en él.
b) Dejar de consumir alcohol, pues al hacerlo se

abre una puerta en la parte posterior de la cabeza por la que pueden entrar seres obscuros.

c) Recibir energía poniendo un altar con la imagen que queramos, tres floreros con flores blancas en triángulo, tres velas prendidas y vasos o jarras de agua en medio.

d) Meditar diariamente por treinta minutos con alguna música instrumental.

La emoción de la jovencita era visible al narrar cómo los Maestros le pusieron la quijada en su lugar, después de que los doctores le habían dicho que no tenía arreglo (ella había sufrido un aparatoso accidente meses atrás, quedando bastante lastimada). También nos platicó que su casa era la única de la zona donde vivían que no había sido asaltada y que tanto sus papás como su hermana estaban igual de maravillados con la tremenda ayuda divina

Durante esa larga espera, compramos unas deliciosas galletas caseras de avena y pudimos ver cómo la nieta de Sarita la cuidaba con mucho amor, poniéndole, en cierto momento, una pausa para que comiera con calma.

Por fin, tres o cuatro horas después, nos dijeron que pasáramos a la sala. El lugar era el mismo que habíamos conocido, solo que ahora había una mesa de exploraciones.

Sarita comenzó preguntándonos si íbamos a consulta, ya que no nos habían hecho expediente. Contestamos que no, que nos conformábamos con recibir la energía, pues no habíamos hecho cita. Con muy buena disposición, dijo:

—Pues ya están aquí, vamos a hacerles su expediente.

Y comenzó a escribir toda nuestra información.

Mi esposo le contó cómo habíamos dado con ella la primera vez, gracias a nuestro grupo de amigos gnósticos.

Sarita se acomodó en un sillón, tomó un *cassette* nuevo (sí... ¡un *cassette* en pleno 2015!), lo metió a un aparato de sonido, y con un micrófono, se dispuso a prestar su voz.

Cuando terminó, sacó la cinta, la metió a una pequeña grabadora como las que usaban antes los periodistas y le prendió para verificar que se hubiera grabado. En efecto, claramente pudimos oír la voz de Sarita. Un minuto después, le movió un botón al aparatito y lo que escuchamos nos erizó la piel e hizo que se nos llenaran los ojos de lágrimas: ¡era el mismo mensaje, pero en la voz de un hombre... Alaniso!

Sarita nos entregó el *cassette* (mismo que no hemos podido volver a escuchar, ya que no hemos encontrado dónde tocarlo) y me pidió que me sentara en un banquito, sin zapatos, para darme energía. Cerré los ojos y me llamó la atención el calor que sus manos despedían y el sonido que ella emitía... abrí los ojos y vi que tenía la boca cerrada; como que me recordaba al sonido de los delfines.

Entonces me pidió que me acostara en la camilla, boca abajo, nuevamente con los ojos cerrados y sin zapatos. La postura boca abajo siempre ha sido una tortura para mí y esta vez no fue la excepción, especialmente porque llevaba horas queriendo ir a hacer pipí y la camilla me aplastaba la vejiga. Por fortuna, Sarita terminó pronto y me pidió que me pusiera boca arriba.

Apenas lo hice y cerré los ojos, comencé a ver todo rosa y sentí cómo mi cuerpo era transportado en un vagón como los que se usan en las minas... ¡el movimiento era tan real... hasta sentí cuando el vagón tomó la primera curva! De repente, algo comenzó a brincar en la parte izquierda de mi pecho, como si fueran impulsos eléctricos. Luego sentí pequeños piquetes (no dolorosos) en mi vientre (que por los últimos meses se me había inflamado tremendamente) y segundos después, Sarita me pidió que abriera los ojos y me preguntó si había sentido la energía. Le platiqué todo lo que acabo de narrar y vi la cara de sorpresa de mi esposo… ¡Sarita nunca me había tocado…wow!

Entonces fue el turno de mi marido. Sarita hizo exactamente lo mismo que conmigo y al terminar, él mencionó que había sentido muy calientes las manos de Sarita y percibió unos piquetes en el área de su garganta. Yo me reí, asombrada, pues a él tampoco lo había tocado.

Nos despedimos de Sarita, visiblemente emocionados y dimos gracias por ese mágico reencuentro.

CAPÍTULO 7

Meditación

Pero regresemos un poco en el tiempo. Poco más de un año después de haber conocido a Sarita, volvimos a mudarnos, en esta ocasión a El Paso, Texas.

Semanas antes, yo había conocido a un señor que tenía un grupo de meditación en nuestra nueva ciudad. Pronto nos integramos a éste y comenzamos a meditar una vez por semana. Sin temor a equivocarme, puedo decir que gracias a estas reuniones pude disfrutar del mejor año de mi vida, espiritualmente hablando: en mi corazón solo había paz.

Así, en ese estado de gozo logré embarazarme por tercera ocasión (meses atrás había perdido dos bebés) y mi hijo mayor pudo beneficiarse de las meditaciones antes de nacer.

En esas reuniones, el coordinador nos daba siempre una plática y luego meditábamos. Nos sentábamos con la espalda recta, los pies sin cruzar en el piso y las manos en nuestras piernas. Cerrábamos los ojos y poníamos atención a nuestra respiración. La meditación iniciaba con algunas de estas frases, mismas que repetíamos tres veces:

- Nos reunimos en nombre de Jesucristo
- Soy una manifestación de Dios
- Al igual que todos los demás, soy una manifestación de Dios
- Merezco lo mejor de la vida
- Al igual que todos los demás, merezco lo mejor de la vida
- Que todos los seres sean felices, que todos los seres sean dichosos, que todos los seres sean en paz

Después de esto, uno por uno decíamos nuestros nombres y el coordinador nos pedía que enviáramos un rayo de luz de nuestros corazones al corazón de cada persona, luego a todas las personas en El Paso, en Juárez… en el planeta, continente por continente.

Si alguno de nosotros quería pedir por una persona en particular, todos enviábamos luz (de diferentes colores, dependiendo de la situación) al centro de la habitación y después de cinco respiraciones, la persona que lo había solicitado la enviaba al destinatario.

A veces hacíamos ejercicios de perdón, otras, mandábamos mensajes de amor a todo el mundo (primero con el cerebro y luego con el corazón, para ver la diferencia) y de repente nos dejaban de tarea que hiciéramos una pregunta a un ángel.

Muy lentamente, comencé a percibir el mundo espiritual. En ocasiones veía colores o imágenes. Un día me sucedió algo muy especial: una de las personas del grupo pasó frente a cada uno de nosotros para trasmitirnos su energía y cuando llegó mi turno, me dijo:

— Laura, la más pequeñita. Recibe la energía

que sale de mis manos; abre tu corazón, no te cierres a ella, siente cómo nutre tus cuerpos… no la rechaces. Muy pronto vas a despertar y guiarás a mucha gente.

Las palabras de Alaniso llegaron de inmediato a mi mente: *Hermanita, la más pequeñita…* y comencé a temblar, luego sentí que estaba por encima de mi cuerpo, el cual parecía más grande de lo que en realidad era. Al terminar, supe que había recibido un gran regalo y di las gracias a la persona que me lo había dado.

CAPÍTULO 8

Sai Baba

En la meditación conocí a varias personas muy valiosas, una de ellas, Carmela, quien hasta la fecha sigue siendo mi gran amiga. Pues bien, ella me platicó sobre Sathya Sai Baba, un extraordinario gurú hindú al que había ido a ver años atrás. Cuando mi esposo leyó el borrador de este libro, me recordó que ambos ya habíamos oído hablar de Sai Baba con nuestros amigos Amalia y Fernando Serafín. Inclusive, le tenían un altar en su casa.

Este gurú decía de su misión: "No he venido a perturbar o destruir ningún credo, sino a confirmar a cada uno en su propia fe, para que el Cristiano se convierta en un mejor Cristiano, el Musulmán en un mejor Musulmán y el Hindú en un mejor Hindú."

Y para ello, desarrolló una especie de Diez Mandamientos modernos y prácticos:

DECÁLOGO HACIA LA DIVINIDAD
Bhagavan Sri Sathya Sai Baba

1. Amen y sirvan a la Madre Patria en la cual nacieron. No odien ni lastimen a ninguna otra Madre Patria.

2. Honren y respeten a todas las religiones, pues todas son caminos hacia el único Dios.

3. Amen a toda la humanidad sin distinción. Reconozcan la hermandad de todos los seres humanos y la paternidad de Dios.

4. Mantengan sus hogares y alrededores limpios. Esto promoverá la higiene, salud y felicidad para ustedes y para la sociedad.

5. Practiquen la caridad dando alimento y techo, amor y cuidado a los enfermos, ancianos y desamparados. Pero no fomenten la pereza dando dinero (limosna) a los mendigos, mejor ayúdenlos a confiar en sí mismos consiguiéndoles algún trabajo.

6. No tienten a otros ofreciéndoles sobornos, ni se disminuyan ustedes aceptándolos. Nunca den lugar a

la corrupción.

7. No desarrollen ni fomenten celos, odio o envidia. Amplíen su visión tratando a todos por igual, sin considerar posición social, raza, religión o credo.

8. Háganse cargo de sus necesidades personales; sean sus propios servidores antes de servir al prójimo. El servicio no egoísta a la sociedad es un deber divino que no puede ser delegado a sus sirvientes o empleados.

9. Cumplan con las leyes del país y sean ciudadanos ejemplares.

10. Adoren a Dios. Aborrezcan el pecado.

Sai Baba era una persona muy venerada en la India, ya que aparentemente hacía sanaciones milagrosas y materializaba (sí, aparecía de la nada) joyas, cenizas sagradas (*vibuthi*) y dulces –entre otras cosas- para dar a sus seguidores. La mecánica era así: cuando la gente llegaba al *Ashram* (comunidad espiritual, propia del hinduismo, en la que convive un guía espiritual junto a sus discípulos) era separada en dos grupos: hombres y mujeres. Había dos horarios para ver a Sai

Baba, uno a las 7 de la mañana y otro a las 3 de la tarde (aproximadamente). A esto se le llamaba *Darshan*, que significa 'visión de un ser santo'. Mientras la gente esperaba para recibir la bendición de su presencia, afuera del lugar se repartían fichas, luego se hacía un sorteo y las personas comenzaban a entrar y se sentaban en la fila que les hubiera tocado.

Carmela me contó el caso de un señor que había ido a verlo solamente por acompañar a su esposa, pero que realmente estaba muy mortificado, pues él era católico y sentía que estaba traicionando sus creencias. *¿Cómo es posible que yo, un perfecto caballero católico, ande en estas cosas?* -pensaba. El día del Darshan, el hombre se sentó en el lugar que le había tocado. Cuando Sai Baba salió, comenzó a caminar entre las filas, hablando con algunas personas y dando regalos a otras. De pronto, el gurú se dirigió a donde el señor estaba. Sin dar crédito a sus ojos, éste vio como Sai Baba le materializaba un reloj, mientras le decía al oído:

— No te preocupes, sigues siendo un perfecto

caballero católico (¡!).

A otro hombre le sucedió algo extraordinario también. Él decía que aunque había hecho el viaje a la India, no iba a creer en Sai Baba hasta que viera un arcoíris vertical. Todo el mundo le decía que eso era imposible, pero una tarde, mientras fumaba tranquilamente un cigarrillo, tuvo que tragarse sus palabras al ver que el humo que salía de su boca formaba un pequeño arcoíris vertical.

Y claro, Carmela misma había sido testigo de los milagros del gurú en dos ocasiones, ambas ya de regreso en los Estados Unidos.

En la India, específicamente en Puttaparthi, había un árbol (el Árbol de los Deseos), al cual Sai Baba solía llevar a sus amigos cuando era pequeño y arrancaba las frutas que ellos le pidieran. Había veces en que ni siquiera era temporada de tamarindo (que es lo que daba ese árbol), pero aún así, el niño repartía manzanas, mangos y otras frutas exóticas.

Carmela había visitado ese árbol y cuando reveló las fotos de su estancia en la India, se quedó igual de sorprendida que aquellos niñitos… ¡la cara del gurú aparecía en las fotos del árbol!

Un poco después, se sometió a una intervención quirúrgica. Cuando salió de la operación tuvo un sueño: se veía en uno de los hospitales que Sai Baba había construido en la India, transportada a toda velocidad en una camilla por varios enfermeros. De su brazo salía una sonda, todo a su alrededor era blanco. En ese momento, supo que había recibido ayuda espiritual y le dio las gracias.

Lógicamente, con todo lo que mi amiga me había contado y lo que yo había leído sobre el gurú, empecé a sentirme muy atraída hacia él y su filosofía. Y es que Sai Baba no buscaba que lo adoraran, ni siquiera –como ya lo mencioné anteriormente- pedía a la gente que dejara su religión, ya que todas –decía él- son caminos hacia el único Dios. Su "Decálogo hacia la

Divinidad" terminó de conquistarme con su sensatez y sencillez. También me parecía que era más fácil comunicarme telepáticamente con él, por el hecho de que aún tenía un cuerpo físico.

Pues bien, pronto comencé a verlo, no como a un Dios, sino como a un intermediario y me sentía muy cómoda pidiéndole ayuda.

Una noche me quedé dormida después de haber orado con mucho fervor por un asunto grave de mi familia. De repente, como a las dos o tres de la mañana, me despertó el suave sonido de unas campanillas. Abrí los ojos y en el lado izquierdo de mi habitación, vi la silueta de un ser que despedía una luz dorada. En la parte superior se recortaba un peinado afro a la perfección... ¡era Sai Baba!!! Abrí y cerré los ojos varias veces hasta que me convencí de que era él realmente... Embargada de una profunda emoción, le di las gracias por su visita, pero sobre todo porque estaba segura de que había ido a ayudarme. Esa comunión duró unos minutos (¿o serían segundos?), luego mi querido gurú se desvaneció.

A las pocas semanas tendría otra experiencia similar, aunque no con Sai Baba. Un día que me recosté por un momento en mi cama, me quedé dormida. Cuando desperté, mis ojos se toparon con un cuadro a lápiz de una indígena sentada en flor de loto que alguien nos había dado de regalo de bodas, sin embargo, lo que vi no fue esa imagen, sino a una mujer con velo (como una virgen), de tres cuartos de perfil, todo en color violeta. Pensando que era un sueño, abrí y cerré los ojos varias veces hasta que la imagen se fue desvaneciendo. No supe exactamente qué había sido eso, pero me dio una gran paz.

Meses después nació mi primer hijo y antes de dos años, la segunda. Nunca pude encontrar el tiempo para meditar (o la energía, pues apenas cerraba los ojos, me quedaba dormida), por lo que mi vida espiritual quedó en *'stand-by'*.

CAPÍTULO 9

Oración

Hasta que mis hijos comenzaron a ir a la escuela pude retomar mi vida espiritual, en esta ocasión integrándome a un grupo de oración. Para entonces vivíamos en Delicias, Chihuahua y una de las mamás del salón de mi hijo me invitó a rezar el Rosario. Aunque moría de ganas de hacerme amiga de esa señora –Diana–, la religión no me llamaba la atención, sin embargo, tuve que aceptar después de la segunda invitación, pues sabía que si decía que no, ya no habría una tercera. Y qué bueno que lo hice... no solo volví a tener una comunicación más íntima con Dios, también tuve la fortuna de conocer a un hermoso grupo de mujeres, con quienes hasta la fecha me une un cariño muy especial.

La dinámica era la siguiente: nos reuníamos todos los viernes en casa de una de ellas; se rezaba el Rosario y al terminar nos sentábamos en los sillones; entonces, con los ojos cerrados, alguna de nosotras comenzaba a orar. No había ningún orden ni tampoco prisa o compromiso, solo oraba en voz alta quien así lo deseara y podía tomar todo el tiempo que quisiera. Por supuesto que el ambiente que ahí se respiraba era de una paz absoluta... no faltaba quien llorara... ¡era algo realmente hermoso! Después de descargar nuestras almas, pasábamos al comedor, donde nuestros lazos de amistad se estrechaban viernes a viernes.

Un día una de las integrantes del grupo –la Yoya- nos platicó que su hija acababa de llegar de Cancún y que había conocido a un gringo guapísimo y súper buena onda. Se habían visto solo unas horas, pero ese tiempo fue suficiente para que él le dijera al amigo con el que iba que había encontrado a la futura madre de sus hijos. Ella también quedó fascinada y cuando se despidieron intercambiaron direcciones de correo electrónico. Él vivía en San Luis, Missouri y ella en Delicias, Chihuahua, pero eso no fue impedimento para que comenzaran a verse. Al poco tiempo, el muchacho le propuso matrimonio y ella aceptó. Entonces él, sabiendo lo importante que para ella y su familia era la religión católica, decidió dejar la suya y abrazar esa fe.

Y después de unos meses de noviazgo, se llegó el día de la boda. A pesar de que ir a la iglesia no era lo máximo para mí, quería acompañar a la Yoya y a los novios, así que llegué muy temprano y seguí paso a paso y con emoción el ritual del matrimonio. Casi para terminar, el Padre colocó la hostia consagrada en la custodia para que los ahí presentes la adoraran. Yo cerré los ojos para orar, dando gracias a Dios por esa nueva familia y por su historia de amor y le pedí que su felicidad creciera día a día. Luego, con toda la sinceridad del mundo, agregué:

—Ay Diosito, con la pena… Tú sabes que me "chuté" toda la misa desde el principio pero no sentí nada. Y aunque hay quien dice que la misa no es para sentir bonito, yo no estoy de acuerdo pues tú me has acostumbrado a otra cosa, así que… ¡perdón!

Terminé de decir esas palabras y abrí los ojos...No podía creer lo que estaba viendo... ¡la custodia giraba como hélice a una velocidad increíble! Pensando que había sido mi imaginación, volví a cerrarlos, pero cuando los abrí pude comprobar que aquello era la respuesta de un Dios consentidor. A los pocos minutos (¿o segundos?) dejó de girar y yo quedé con el corazón rebosando de alegría.

El viernes siguiente compartí con el grupo el regalo tan hermoso que había recibido. Todas se emocionaron mucho, pero más la Yoya, quien con gran entusiasmo me dijo:

— ¡Entonces ya vas a ir a misa!

Defendiendo mis creencias contesté con el mismo entusiasmo:

— ¡Noooo!, explicándoles que lo que Dios me había dicho es que Él/Ella estaba a un pensamiento de distancia y que solo tenía que llamarlo.

Más o menos en ese tiempo tuve un reencuentro maravilloso con mi querida amiga Carmela, quien se había mudado a California poco antes de que nosotros nos cambiáramos a Delicias. Una tarde me la encontré en un rancho cerca de la ciudad de Chihuahua, en donde supuestamente se aparecía la virgen. Ella iba con su marido y un grupo de la iglesia, yo con mis hijos, mi hermana y unas amigas. Aquello era la locura... había gente por todos lados. De pronto, vi un señor sentado en una silla y a mi amiga, parada junto a él... ¡no lo podíamos creer! Nos abrazamos emocionadas, platicamos un buen rato y nos despedimos con el mismo cariño de siempre.

Meses después, le ofrecieron un puesto a mi esposo en la planta de Juárez, así que regresamos a vivir a El Paso.

Un día de junio de 2006, en cuanto regresé de llevar a mis hijos a la escuela, me puse a hacer oración por mi marido, ya que traía problemas graves en el trabajo y se veía muy desesperado.

Después de la oración sentí la necesidad de meditar, así que saqué un *cassette* que un amigo había grabado cuando meditábamos, allá por 1997. Me acomodé en una silla, cerré los ojos y escuché. Primero, nuestro guía invocó a Dios y dijo algunas frases que todos tuvimos que repetir. Luego nos pidió que uno por uno dijéramos nuestros nombres, para enviarnos luz mutuamente. Cuando llegó el turno de mi amiga Carmela me invadió una gran nostalgia y empecé a llorar como loca (no la había vuelto a ver desde aquel encuentro fortuito). Ese llanto me ayudó bastante, pues cuando terminé de meditar me sentí como nueva.

Al poco rato me fui a una tienda. En una o dos semanas saldríamos de vacaciones y el rancho de una amiga quedaba de camino, por lo que gustosos aceptamos pasar todo un día con ella y su familia. Para agradecer la invitación, quise llevarle algún detalle. En la tienda encontré cuatro cuadros que –

según yo- quedarían muy bien con la decoración del rancho. Como no podía decidir cuáles escoger, los puse en el carrito y seguí con mis compras. En el departamento de carnes frías le pedí su opinión a la persona que me estaba atendiendo, pero su respuesta no me convenció mucho. ¡Ah, cómo me hubiera encantado estar en ese momento con alguna amiga que me diera una opinión sincera!

Me dirigí a un área donde tenían cosas religiosas; había mucha gente en ese pasillo, por lo que dejé el carrito mientras buscaba algo. Cuando regresé (con las manos vacías), vi a una señora muy alta, admirando los cuadros. Al verme venir, supo que el carrito era mío, y dijo, señalando dos de ellos y resolviendo mi dilema:

— ¡Qué bonitos cuadros!

No podía dar crédito a lo que estaba viendo, ¡qué alegría... era mi amiga Carmela! En ese momento, ella también me reconoció y nos dimos un fuerte abrazo. Platicamos largo y tendido y se emocionó al escuchar lo que había sucedido esa mañana. Intercambiamos teléfonos y direcciones y retomamos nuestra hermosa amistad.

Salí de ahí feliz, con los dos cuadros escogidos por Carmela.

Nos fuimos de vacaciones. A los pocos días de haber regresado, mi papá dejó su cuerpo físico y algunas de mis amigas del grupo de oración de Delicias me acompañaron en el funeral.

Cuando regresamos a El Paso, quise retomar eso tan hermoso que un día tuve con el grupo de oración e invité a mis amigas de acá a rezar el Rosario. Todas accedieron de muy buena gana y comenzamos a reunirnos. Por desgracia, nunca fue como el de Delicias, pues a pesar de que seguía el mismo formato (Rosario, oración, desayuno), no era lo mismo… orábamos como con prisa, todas de pie, tomadas de la mano y cada una esperando su turno y pensando qué decir. No me malinterpreten, todas eran bellas personas y probablemente muchas sí abrían su corazón, pero la mayoría orábamos porque sabíamos que nos tocaba. En más de dos ocasiones traté de cambiar la mecánica, pero nunca pude venderles la idea de quedarnos en silencio y esperar a que Dios nos hablara.

En fin. En ese grupo seguí tres años más, hasta que me cambié nuevamente de casa.

CAPÍTULO 10

Sanación pránica y meditación con los ángeles

Un año antes de que eso sucediera, la vida me puso otra vez en el camino de la meditación al tomar un curso interesantísimo con el Maestro Stephen Co sobre Sanación Pránica (sistema de técnicas que utiliza el "prana" –la fuerza vital– para sanar y prevenir enfermedades, balancear, armonizar y transformar los procesos energéticos del cuerpo, desarrollado por el Maestro Choa Kok Sui).

Ahí tuve el placer de conocer a una mujer que desde entonces -2008- ha sido vital para mi desarrollo espiritual: Lynn Provenzano. Con una hermosa sonrisa que hacía resaltar los hoyuelos de sus mejillas, me pidió que apuntara mi correo electrónico en una lista. Al poco tiempo comencé a recibir invitaciones para diferentes cursos y meditaciones. Eso me cayó como anillo al dedo, ya que acababa de plasmar en mi tablero de visualización, imágenes alusivas a esto (ángeles, meditación, paz interior).

La primera vez que asistí a una meditación con este nuevo grupo, tuve que trasladarme de un extremo al otro de la ciudad, pero valió la pena.

La reunión fue en su casa y al llegar fui amablemente recibida por Ángel, un hermoso perro que Lynn había rescatado años atrás. Saludé a las personas que ahí se encontraban (alrededor de veinte), algunos de ellos habían llegado más temprano para dar o recibir sanación pránica. Pasamos a la sala y Ángel se colocó a los pies de su ama.

Comenzó la reunión con la bienvenida a los nuevos y uno a uno nos fuimos presentando. Además de decir nuestros nombres, mencionamos a las personas que nos gustaría que recibieran sanación y las colocamos –de manera virtual- en el centro de la sala.

Lynn continuó con la sección de avisos, luego nos explicó que antes del encuentro con nuestros ángeles o de cualquier ceremonia sagrada, es importante estar centrados (conectarnos a la Tierra). Para esto se hace una pequeña meditación, la cual se puede utilizar también cuando tenemos problemas o cuando estamos tristes.

Y prosiguió:

— Este proceso se integra a nuestra meditación como una manera de prepararnos para las experiencias que vamos a tener en una consciencia más elevada y expandida. Es importante darnos permiso de expandir nuestra propia luz interior a través de nuestro chakra del corazón para poder elevar nuestra vibración, hasta que sea igual o similar a la de nuestros ángeles. En ese momento, cuando nos sintamos resplandecer, cuando nos encontremos en ese estado de paz y de conciencia expandida, podemos hacer preguntas a cualquiera de nuestros guías, a cualquiera de nuestros ángeles, a nuestro Yo Superior. Simplemente les pedimos que aparezcan e imaginamos que así lo hacen. Una vez con nosotros, podemos hacer cualquier pregunta o pedirles que caminen a nuestro lado para sentir su amor divino y poder darles las gracias por su ayuda continua.

En esa ocasión no sucedió nada del otro mundo, pero meses después pude constatar que esta meditación es un potente limpiador de emociones.

Esto sucedió después de que tuviera un malentendido con unas amigas y me sintiera horriblemente rechazada. De eso han pasado ya varios años, ahora veo las cosas desde otra óptica (ya sé que nadie me hace nada, en realidad todo funciona como mi espejo), pero entonces no era así, por lo que me cayó como anillo al dedo la invitación que recibí días después para la meditación. ¿Qué puedo decir? Las palabras de Lynn me ayudaron a liberarme de la tristeza y de todo aquello que no era bueno para mí. Lloré, lloré y lloré, y cuando terminamos sentí que había ido con la mejor masajista del mundo.

Por esta razón quise incluirla aquí para que quienes así lo deseen puedan grabarla (con voz pausada y música de fondo), y para ello entrevisté a Lynn. Como ella solo habla inglés, tuve que traducirla; eso me encantó, ya que conforme lo iba escribiendo, podía sentir cómo me invadía una gran paz.

Cierra los ojos, siéntate con la espalda recta y pon los pies en el piso sin cruzarlos, coloca tu lengua en el paladar para conectar los meridianos centrales y mantener un flujo constante de energía a través de nuestros cuerpos físico, mental, emocional y etérico.

Ahora imagina que de tus pies salen raíces y crecen hasta medir seis pulgadas de largo y seis pies de ancho.

Inhala y extrae energía a través de las raíces... imagina cómo traspasa las plantas de tus pies y sube por tus tobillos, rodillas y caderas... cómo llega a tu plexo solar y al centro de tu corazón.

Exhala, y conforme lo haces, suelta todo aquello que no te sirva... suelta cualquier negatividad, cualquier emoción negativa como ira, miedo, tristeza... cualquier resentimiento, cualquier frustración, suéltalo ahora.

Y siente cómo sale a través de tus raíces y va bajando hacia la Tierra... baja... baja... baja... baja hasta llegar al núcleo. Al entrar en contacto con éste, es transmutado en la luz y el amor más puros.

Inhala y absorbe esta bellísima, limpia y pura energía de la tierra hacia arriba, a través de tus raíces, absórbela... absórbela... absórbela a través de todo tu cuerpo, hasta que llegue al centro de tu corazón.

Y exhala... exhala y suelta una vez más todo aquello que no te sirva, hacia abajo... hacia abajo... hacia abajo, a través de tus raíces y hacia adentro de la Tierra, donde una vez más entra en contacto con el núcleo y se transmuta en la luz y el amor más puros.

Ahora vuelve a absorber la energía a través de tus raíces... absorbe esta energía hacia arriba... hacia arriba... hacia arriba... hasta que llegue al centro del corazón, pero esta vez, conforme exhalas, libera y envía tu gratitud de regreso a nuestro planeta por todo lo que nos has dado y por todo lo que seguirá dándonos... Y entonces, una vez más, absorbe esta energía a través de tus raíces... hacia arriba... hacia arriba… hacia arriba… hasta llegar al centro del corazón, donde la dejas reposar.

Déjala reposar hasta que sea tiempo de mezclarse con la luz universal del amor a través de tu corona y siente cómo te expandes a una conciencia más elevada.

(Se repite por lo menos dos veces)

Lynn terminó diciéndonos que abriéramos los ojos cuando estuviéramos listos y nos envolvió a todos con una mirada llena de amor y de paz. Hubo personas que compartieron su experiencia, yo me quedé disfrutando esos momentos de relajación.

Inmediatamente después, pasó unos lápices y papeles para que escribiéramos en una hoja aquello que quisiéramos sacar de nuestra vida, y en otra, lo que nos gustaría atraer. Conforme fuimos terminando, nos acercamos a la mesita de centro para quemar ambos papelitos en una vela (para que los ángeles se llevaran nuestras peticiones).

El ambiente no podía ser mejor… se sentía una gran paz.

Entonces continuamos con la segunda meditación. En ésta, Lynn nos llevó de la mano a una estrella, donde tuvimos un encuentro muy especial con nuestro ángel guardián. Ella iba describiendo cómo nos envolvía con su enorme luz, hasta que en un fuerte abrazo se fusionaba con la nuestra. Por los sollozos y los moqueos que se escuchaban, me di cuenta que no era la única que estaba emocionada.
Así duramos un buen rato, abrazados a nuestro ángel, hasta que llegó el momento de despedirnos.
Nuestro ángel colocó algo en nuestras manos… algo que solamente nosotros sabíamos qué era y qué significado tenía. La verdad, yo no pude ni ver ni imaginar nada, pero no importa… el solo hecho de haber tenido ese encuentro fue un regalo invaluable.

Uno a uno fuimos abriendo los ojos y regresamos de ese maravilloso viaje.

Como ya era tarde, los olores que provenían de la cocina despertaron mi apetito, por lo que me puse de pie y, con un poco de pena, seguí a todos los que se dirigían al comedor. Ahí había una variedad de platillos que cada quien había llevado para compartir.

No me quedé mucho tiempo, comí cualquier cosa y platiqué un poco con algunos de los asistentes, me despedí de ellos y de Lynn y finalmente regresé a mi casa... ¡estaba feliz y agradecida por haber encontrado ese grupo!

Y claro, también les comparto una muestra de la meditación con los ángeles para que la graben o le pidan a alguien más que se las grabe (recuerden que es importante realizar primero la otra).

¡Que la disfruten!

Una vez centrados y conectados a la Tierra, inhalamos y ponemos nuestra atención en el chakra de la corona...

sentimos cómo se abre al universo para recibir la energía divina... y ésta baja a través de él... a través del ajna (se pronuncia 'ashna' y es el chakra que está en el entrecejo... pasando por nuestra garganta, hasta llegar al chakra del corazón... Desde ahí, exhalamos y enviamos nuestra gratitud al universo por todo los que nos ha dado y todo lo que seguiremos recibiendo... Inhalamos y extraemos la divina energía universal una vez más, pasándola a través de nuestra corona... a través de nuestra frente y ajna... a través del chakra de la garganta, hasta llegar al corazón, en donde se une con la energía de la tierra... y nos vemos resplandeciendo... resplandeciendo con la luz de nuestro espíritu, desde el chakra del corazón... Y con cada respiración, nuestra luz se hace cada vez más fuerte y más brillante... más brillante y más fuerte... y continuamos irradiando esa luz al universo, más allá de nuestros cuerpos... y nuestra luz es intensa... y nuestra luz es brillante. Y en la luminosidad de nuestras luces observamos que frente a nosotros está nuestro ángel... nuestro guía para ese día... para ese momento. Corremos a su encuentro y la luz de nuestro ángel nos envuelve... y juntos nos elevamos por encima de todo... simplemente nos elevamos y nos expandimos en el universo. Y comenzamos nuestro viaje. Relájate y déjate envolver por esa luz... relájate... relájate... relájate en el abrazo de tu ángel.

Al poco tiempo recibí un correo que me llamó mucho la atención. Se trataba de una invitación a una ceremonia con motivo del día de Acción de Gracias, pero esta vez con tambores. A mi esposo y a mis hijos les pareció muy interesante y decidieron acompañarme.

Esta ceremonia se llevo a cabo también en casa de Lynn, solo que ahora en el jardín. Llegamos a la casa, había muchos carros y varias personas hacían fila para entrar por una de las puertas laterales. Conforme nos fuimos acercando, vimos que una señora recibía de uno por uno a los asistentes para limpiar su campo energético. Cuando fue nuestro turno, comenzó a pasar una especie de cigarro por todo nuestro cuerpo, primero de frente y luego de espaldas. Mis hijos se emocionaron mucho al reconocer el olor: era la misma yerba que cuando eran chiquitos les ponían en el consultorio del Homeópata Francisco Baeza (la famosa moxa).

Una vez limpios, pasamos al jardín, donde ya se encontraba un gran número de personas. La invitación decía que si teníamos tambores o sonajas los lleváramos, pero como nosotros no teníamos, tomamos unos que nos prestó Lynn.

Nos sentamos en un círculo, alrededor de una fogata. El encargado de conducir la ceremonia se presentó como *Gray Wolf* y procedió a explicarnos la mecánica: él comenzaría tocando el tambor y todos nos uniríamos con nuestras sonajas o tambores.

Para comenzar, nos pidió a todos que nos pusiéramos de pie y con todo respeto hicimos una invocación con la oración para crear espacio sagrado:

A los vientos del Sur.
Gran Serpiente.

Envuélvenos con tus espirales de luz, enséñanos a despojarnos del pasado, del mismo modo que te despojas de tu piel para caminar suavemente sobre la Tierra.

A los vientos del Oeste.
Madre Jaguar.
Protege nuestro espacio sagrado.
Enséñanos el camino de la paz para vivir impecablemente.
Muéstranos el camino más allá de la muerte.

A los vientos del Norte.
Colibrí, abuelas, abuelos, antepasados.
Vengan a calentarse las manos en nuestro fuego, susúrrennos en el viento.
Rendimos homenaje a ustedes que han venido antes que nosotros y a los que vendrán después, los hijos de nuestros hijos.

A los vientos del Este.
Gran águila, cóndor.
Ven a nosotros desde el lugar del Sol naciente. Guárdanos bajo tu ala.

Muéstranos las montañas con las que solo podemos soñar.
Enséñanos a volar, ala con ala, con el Gran Espíritu.

Madre Tierra.
Nos hemos reunido para la sanación de todos tus hijos.
El pueblo de las Piedras, el pueblo de las Plantas.
Los de cuatro patas, los de dos patas, los que se arrastran por el suelo.
Los que tienen aletas, los que tienen pelaje y los que tienen alas.
Todos nuestros parientes.

Padre Sol, Abuela Luna, a las Naciones de Estrellas.
Gran Espíritu, tú que eres conocido por mil nombres, tú que eres el Innombrable.
Gracias por habernos reunido y por permitirnos entonar el Canto de la Vida.

Tiempo después, Lynn me explicaría el significado de los cuatro puntos cardinales: Volteamos hacia el Este porque ahí es donde sale el sol, y con ello vienen nuevos comienzos. Volteamos hacia el Sur porque es ahí donde están nuestras enseñanzas, aprendemos a amar y amamos aprender en el Sur. Volteamos hacia el Oeste porque es donde el Sol se pone y cuando esto sucede, nosotros nos liberamos. Liberarse es el fin de algo que lleva al principio de algo. Volteamos al Norte en busca de sabiduría y ésta viene de nuestros antepasados. Volteamos al Abuelo Cielo, a las Naciones Estelares, en busca de guía y sabiduría. Y por último, volteamos a nuestra Madre Tierra porque ella es nuestro hogar. Nos protege, nos guía, nos cuida, nos da un lugar dónde vivir, nos alimenta).

Toda la oración me pareció hermosa, pero el hecho de contemplar la posibilidad de estar en un mismo espacio con los espíritus de mis ancestros y con los que aún están por venir a la Tierra (los hijos de mis hijos) me emocionó enormemente y me sentí muy cercana a todos ellos.

Luego comenzamos a tocar, en total fueron como cinco piezas. Una de ellas fue muy padre, con muchísima intensidad y el objetivo fue generar la mayor cantidad de energía para enviarla a la Madre

Tierra y al Padre Cielo. Cuando *Gray Wolf* nos lo indicó, todos bajamos las manos al mismo tiempo, y con mucho ímpetu, lanzamos la energía a la Tierra… inmediatamente después las subimos, lanzándola hacia el cielo. ¡Fue algo muy breve pero intenso, que nos dejó sumamente relajados!

Han pasado varios años desde aquella ceremonia y he tenido la oportunidad de asistir a varias más. En una de ellas sucedió algo maravilloso. La persona que dirigía la ceremonia (no recuerdo si fue Gray Wolf u otra persona -Víctor Manuel-) nos pidió en determinado momento que cerráramos los ojos y comenzamos a meditar; minutos después, escuché claramente el rugido de un oso atrás de mí… ¡el sonido era tan fuerte que hasta me asusté y abrí los ojos, pensando que me toparía con él! Obviamente no había nada… ¡el oso estaba en otra dimensión! ¡Eso realmente me fascinó y más cuando me dijeron que probablemente se trataba de mi animal de poder!

Y justamente el día de ayer asistí a otra ceremonia con tambores, por el Día de Acción de Gracias.

En esta ocasión y ya para terminar, Gray Wolf hizo algo diferente: él y Lynn comenzaron a pasar frente a cada uno de nosotros para sanarnos. El círculo era bastante grande, yo cerré los ojos, luego los volví a abrir cuando Gray Wolf estaba a tres personas de llegar a mí. A los pocos minutos, sentí claramente una presencia que llegaba del lado izquierdo y se colocaba a mis espaldas. Lo seguí sintiendo por un rato, hasta que desapareció. Entonces abrí los ojos y Gray Wolf ya estaba con la persona que seguía después de mí… ¡lo que sentí fue real! Di gracias a quien hubiera estado ahí, sintiendo que mi corazón brincaba de la emoción.

CAPÍTULO 11

Pide y se te dará

Las semanas pasaron y yo no pude regresar a las meditaciones. En ese tiempo, mi esposo y yo queríamos mudarnos al otro lado de la ciudad, muy cerca de donde vivía Lynn. Después de buscar y buscar por tres años, encontramos una casa que nos llenó el ojo a los dos. El precio era un poco elevado, pero eso no fue impedimento para que mi marido hiciera una oferta (por mucho menos de lo que pedían, claro) y yo de inmediato cambié todos nuestros muebles a nuestro nuevo hogar (en mi imaginación, por supuesto) y esperamos a que nos contestaran.

En ese ínter regresé a una meditación con ángeles y aproveché para escribir en los papelitos: "Quiero la casa ubicada en (y puse la dirección específica), *o algo mejor*". Esto último lo acababa de aprender en Unity, la iglesia sin denominación a la que de repente iba. Luego, quemamos los papeles.

Al día siguiente encontré una enorme y hermosa mariposa amarilla en mis geranios. Eso me sorprendió, ya que nunca había visto una mariposa de ese tipo en un área tan desértica. Le tomé una foto y de pronto, ella comenzó a revolotear a mi alrededor, como si quisiera decirme algo.

A la semana siguiente recibimos la noticia de que la oferta había sido rechazada. Decepcionados y sin entenderlo por completo, seguimos en la búsqueda.

A los pocos días, nuestra corredora de bienes raíces me llamó para decirme que estaban rematando una casa muy grande que apenas habían puesto en el mercado. Curiosamente, estaba muy cerca de la que tanto nos había gustado (los jardines traseros casi colindaban), pero las casas que estaban alrededor de la nueva eran mucho mejores; además de eso, el precio por pie cuadrado era más decente.

Cuando mi esposo la vio, se enamoró de inmediato de ella, pero yo no estaba tan segura, ya que necesitaba urgentemente una remodelación. A mí me preocupaba que él no quisiera invertirle y que tuviéramos que vivir en esas condiciones... digo, no era nada del otro mundo, solo que tenía detalles que la hacían deprimente (pesadas cortinas que no dejaban pasar la luz, horrorosos tapices en el comedor y en uno de los baños, gabinetes de la cocina oscuros y tristes y anticuadas alfombras).

Esa misma tarde le pidió a la agente que hiciera la oferta y horas más tarde, le volvió a llamar para que ofreciera más... así de convencido estaba. Al día siguiente volvimos a ir a la casa. Ya más tranquilos, recorrimos el jardín, disfrutando de la sombra de los árboles. De repente, vi una mariposa igualita a la que había encontrado en mis geranios... en ese momento supe que habíamos sido elegidos para vivir allí. Nuestra oferta fue aceptada y dos meses después nos cambiamos.

Y claro, ya viendo las dos casas, no cabe duda que

Dios nos consiguió *algo mejor* de lo que queríamos originalmente.

Tres años después, pude nuevamente comprobar que los ángeles nos escuchan. Una tarde escribí que quería hacer más traducciones (a eso me dedico, pero no de tiempo completo). Luego quemé el papelito que tenía además otras peticiones y continuamos con la segunda y última meditación. Después de eso me serví algo de comer y me senté a platicar con algunas personas. La última con la que hablé fue Terrie Marie, conocida como La Dama de los Ángeles porque posee el don de la comunicación angelical. De repente, me preguntó si sabría de alguien que le pudiera traducir un libro que estaba escribiendo…más bien, un libro que los ángeles le estaban dictando. Entusiasmada, le contesté que eso es lo que yo hacía y que con mucho gusto le podía ayudar. Hablamos del precio, tiempos de entrega, etc. De repente, me cayó el veinte: ¡era justo lo que les había pedido a los ángeles!!! Se lo comenté a Terrie Marie y por supuesto que ella no se sorprendió… ya estaba acostumbrada a que pasaran cosas como esas. Esa noche salí maravillada de casa de Lynn y casi di gracias a gritos (como dice mi amiga Carmela) por lo que había sucedido.

Días después, Terrie Marie me envió un texto de prueba para ver si le gustaba mi traducción y al poco tiempo, nuestro convenio se hizo oficial: ¡me encargaría de traducir su libro, yes! Y bueno, eso es un trabajo que invariablemente disfruto, pero en esta ocasión fue algo sencillamente divino. Durante todo el tiempo que duré haciéndolo, sentí una paz indescriptible… la paz que los ángeles dan.

CAPÍTULO 12

Encuentros y desencuentros

Para terminar la segunda parte, quiero contar por qué creo… o más bien, por qué estoy segura que la muerte no existe.

Todo comenzó a los pocos días de que mi madre dejara su cuerpo físico (hace once años). Una noche, antes de dormir, comencé a llorar desconsoladamente pues me estaba cayendo el veinte de que ya no la volvería a ver (por lo menos en el plano físico). Mi esposo me abrazó y lloré aún más, entonces él se levantó y me preparó un té. Mientras lo saboreaba, sentada a la mesa del comedor, me dispuse a vaciar mi tristeza en una hoja de papel:

Estoy bien triste, hace dos semanas se murió mi mamá y la extraño muchísimo.

No lo puedo creer. De repente me acuerdo y siento una angustia horrible que me oprime el pecho. Creo que estoy en la etapa de la negación, porque a cada momento me pregunto si en realidad pasó.

¡Cómo quisiera verla! ¡Tan linda... siempre de buen humor, chipleándonos a todos!

Me tardó un poco en caerme el veinte... tal vez porque solo nos veíamos una vez al mes.

Sé que por ahí anda, pero cada vez me desespero más de no poder comunicarme con ella.

La semana pasada tuve dos experiencias muy bonitas en mis sueños. Un día vi dos lucecitas: una era roja y la otra anaranjada. Me levanté rápidamente porque sabía que era algo relacionado con mi mamá, pero al voltear hacia el pasillo y ver todo obscuro me dio miedito y me volví a acostar. La noche siguiente me levanté mientras soñaba que estábamos todos los hermanos y nos íbamos a reunir con su espíritu, sin embargo me volví a acostar porque estaba muy cansada.

Eso es lo único que me ha pasado y me da mucho coraje… (Sí, creo que también estoy en la etapa del enojo).

Sin embargo, tengo la fuerte convicción de que se va a comunicar conmigo, no solo porque soy la chiquita, sino porque es algo que deseo tanto y porque se lo he pedido a ella y a Dios.

A Él le digo también que le dé un abrazo de mi parte… me la imagino riéndose, bien hermosa.

Ya estoy como mis hijos: ¡quisiera que no se hubiera muerto! Yo sé que esto fue necesario para ella y para todos nosotros, pero ¡ah, cómo duele! Afortunadamente siento que no me quedé con nada. Meses antes de su partida, me llegué a preguntar: 'Y si mi mamá se muriera, ¿me arrepentiría de haber hecho o dejado de hacer algo?' La respuesta contundente fue 'No'.

Agradezco a Dios el tener este cuaderno y esta pluma que me ayudan a desahogarme. También agradezco a mi esposo que me trajo un té y me dejó sola.

Recuerdo las veces que se levantaba a consolarme por alguna pesadilla... ¡Pobrecita, se angustiaba mucho de verme tan asustada!

También recuerdo que varias veces soñé que se morían ella o mi papá y al día siguiente les hablaba por teléfono para contarles. Ella me decía algo así como: '¡Óigane chica, no me ande matímo!' ó 'No, Gunita, estamos muy bien, no te preocupes'.

Quiero pensar que al rato voy a hablar con ella y me va a decir que está perfectamente... y sí lo creo, ¿eh? Doy gracias a Dios por haber puesto en mi camino tantos libros, cursos y maestros que hablan de la inmortalidad del alma.

Ella vive, de eso estoy absolutamente segura, es solo que tenemos problemas con los medios de comunicación, pero espero que eso se resuelva muy pronto.

Bueno, me voy a dormir ya más tranquila.

¡Te espero, mamá!

Mi petición fue contestada la noche siguiente, cuando soñé que no se había muerto, ¡era algo padrísimo! Yo la veía en su cama, muy contenta. Cuando desperté, di gracias a Dios porque le había pedido muchísimo soñarla viva. Lo más hermoso fue que el sueño duró casi toda la noche.

Afortunadamente, esa no sería la única vez que la soñaría. Mi querida madre empezó a hacerse presente, no solo en sueños, sino también durante el día. Platicaba con ella y me imaginaba lo que respondería en determinadas circunstancias. Por ejemplo, cuando iba a hacer la comida la escuchaba diciéndome: *"¿Qué sotipa (sopita) vamos a hacer hoy, querida Gunita?"*. ¡Era como si la tuviera a mi lado!

Una noche de enero (a mes y medio de su partida) le dije, antes de dormir, que quería que viniera a verme, pero de tal manera que yo me diera cuenta y sintiera algo especial. Esa noche soñé que veía un círculo de luz con una cara de perfil en medio (como un camafeo), en tercera dimensión. No podía ver bien la cara pero yo sabía que era la de ella, aunque más joven. En eso abrí los ojos (ya despierta) y el círculo luminoso seguía ahí. Lo seguí observando y de repente, vino a mí.

Me volví a dormir y más tarde tuve un sueño muy raro que tenía que ver con la reencarnación, con vidas anteriores de mi mamá, mías y de otras personas Soñaba cómo nos relacionábamos y sabíamos lo que iba a pasar desde ese plano. Claro que a la mañana siguiente, todo ese conocimiento se había borrado de mi memoria.

En una ocasión le comenté a mi hermana Nora que aunque entendía que el ciclo de mi mamá ya había llegado a su fin y que aceptaba su muerte, no podía dejar de estar un poco enojada con ella por no haberse despedido de mí. Yo esperaba que me hubiera dicho: *'Hija, ya me voy a morir, te quiero mucho'*… No me cabía en la cabeza que alguien tan cariñoso nos dejara así nada más.

Curiosamente, ella sentía lo mismo.

Grande fue mi sorpresa cuando a los pocos días tuve un sueño revelador. Llegaba mi mamá (no sé de dónde, solo sé que andaba fuera), igual de linda que siempre y nos abrazábamos. Yo le preguntaba por qué no se había despedido de mí y ella claramente respondía:

— Hija, es que en ese tiempo yo pensé: he sido de Dios aquí y voy a ser de Dios allá… y ellos van a estar muy bien.

Su respuesta calmó mi enojo y sentí que el círculo por fin se cerraba.

Otra vez soñé que estábamos en la casa donde pasamos nuestra infancia. Mi mamá se encontraba limpiando el refrigerador y mis hermanas y yo llegábamos a decirle que íbamos a la calle. Al regresar, yo pasaba a despedirme y ella se ofrecía a acompañarme a la puerta. Estando afuera, junto a uno de los grandes álamos que adornaban el frente de la casa, le abrí mi corazón:

—Mamá, nunca te lo dije, pero… ¡te quiero mucho!

Ella, muy conmovida, me abrazó y respondió:

— ¡Yo también te quiero mucho, hijita!

Nos abrazamos y comenzamos a llorar de alegría. Junto con el mar de lágrimas, fluía el amor… y nos quedamos llorando abrazadas por mucho, mucho tiempo.

Pronto, su presencia fue más allá.

Una noche, mientras soñaba que yo tenía el don de la clarividencia y resolvía varios casos, me desperté al escuchar un quejido; pensé que era uno de los niños, pero me dio flojera pararme. Me volví a dormir y desperté de nuevo cuando distinguí claramente el peculiar *"ajem ajem"* de mi mamá cuando se aclaraba la garganta. Me quedé helada pensando si me levantaba o no… la verdad me daba miedito. Volví a escuchar de nuevo el quejido y decidí levantarme a revisar a los niños. Entré primero a la habitación de mi hija, ya que estaba pegada a la mía; se veía bien. Mi hijo también dormía plácidamente, o eso pensé, pero cuando me estaba dando la vuelta para irme de nuevo a la cama, volví a escuchar el quejido. Puse mi mano en su frente y me di cuenta que estaba ardiendo en fiebre... ¡mi mamá había venido a avisarme!

En otra ocasión, a casi un año de su liberación, sucedió otra cosa extraordinaria. Era una noche de octubre y mi familia y yo andábamos en Chihuahua (vivíamos en El Paso). Aunque tenía días sintiéndome un poco mal (con dolor de cabeza y ganas de vomitar), me fui esa noche a un concierto de Christopher Cross en El Palomar con mis hermanas y una amiga. Cuando salimos de ahí, le pedí a Nora que me comunicara con Álvaro (nuestro hermano que es médico)... cada vez me sentía peor. Con su peculiar forma de hablar, en cuanto le describí los síntomas me dio su diagnóstico:

—Tienes una alergia de la...

Mis hermanas me llevaron a una farmacia a comprar las medicinas, una de ellas debía tomarla cada 6 horas. Como me sentía tan mal, no quería que se me pasara ni un segundo, así que cuando me acosté le pedí a mi mamá (como lo hacía cuando ella vivía) que me levantara a las 5 de la mañana. La medicina poco a poco empezó a surtir efecto y el dolor de cabeza y las náuseas comenzaron a disminuir, así que me quedé dormida. Horas después, me despertó un olor a café.

— ¡Qué raro! –pensé, intentando ver algo en la obscuridad- Todavía no amanece y todos están dormidos.

Volví a cerrar los ojos para seguir durmiendo, pero el olor era tan persistente que no pude volver a conciliar el sueño.

Entonces recordé que lo primero que mi mamá hacía al despertarse era prepararse un café.

Rápidamente revisé la hora en mi celular… iban a dar las 5 de la mañana… ¡mi mamá había venido a levantarme! Claro que se me hizo raro que no fuera la hora exacta, pero de todos modos me tomé la medicina y me volví a dormir muy emocionada. En cuanto me desperté se lo conté a mi papá y a mis hermanas, quienes se emocionaron tanto como yo…bueno, solo mis hermanas, ya que mi papá como que no me la creyó mucho y solo me dijo bromeando: "*¡Ya no fumes de esa cosa!*". Luego Patricia me recordó que mi mamá solía hablarnos un poco antes de la hora, para que disfrutáramos esos últimos minutos de sueño.

No me quedó la menor duda… ¡mi mamá seguía *chipleándome* desde el Más Allá!

Al poco tiempo la volví a soñar. El lugar era un parque y toda la familia estaba reunida, subidos en un camioncito. Yo me sentaba enseguida de ella y me encantaba el hecho de poder tocarla y percibir su dulce aroma. Le decía que estaba feliz de que pudiera venir a vernos con su cuerpo materializado. Ella me contestaba que frecuentemente venía, pero con el pensamiento.

Por fortuna, no era la única a la que le sucedían cosas extrañas. Un día, estando mi hermana Nora en su casa, se encontró un refractario que había sido de mi mamá. Al verlo, pensó que estaba ideal para preparar el pie de queso que ella hacía, pero como no tenía la receta, lo volvió a guardar y se fue a acomodar unos libros. Curiosamente, al tomar uno de ellos, saltó la receta del pie de queso escrita por mi mamá... (!!!). Nora se sorprendió muchísimo porque ni siquiera eran recetarios y lógicamente se emocionó al saber que mi mamá estaba con ella.

Bueno, pero uno de los sueños más hermosos que he tenido de mi mamá sucedió, sin lugar a dudas, el 8 de noviembre del 2007. Yo salía de una reunión y bajaba muchos escalones súper empinados, como de una pirámide, pero huecos, como gradas de un estadio. De pronto se me cayó la bolsa, así que cuando bajé, toqué en una casa para pedir ayuda. Me abrió un señor y con mucho gusto decidió ayudarme. Él y varios hombres se pusieron a buscar la bolsa en un arroyito, mientras la señora y yo los veíamos. Yo volteaba a mi derecha… ¡y se aparecía mi mamá… se veía súper bonita, más alta y más joven! Traía un trajecito de falda y saco azul cobalto y una blusa del mismo color, pero más brillante. Me daba mucha emoción y me acercaba a tomarla del brazo, pensando que no iba a ser real. ¡Grande fue mi sorpresa cuando toqué su brazo gordito, bien rico! Nos abrazamos y nos pusimos a platicar con la señora.

En el año 2011 me fui a España de vacaciones con mi esposo y mis hijos. Comenzamos en Madrid y con un carro rentado viajamos a Barcelona, subimos a Burdeos, Francia, regresamos a España visitando Oviedo (la tierra de mis abuelos que mi mamá nunca pudo conocer), para regresar a Madrid. La noche anterior al viaje a Oviedo tuve un sueño especial con mi mamá. Veía solamente su cara, totalmente rejuvenecida y con una sonrisa de oreja a oreja. Me pareció que ella estaba inmensamente feliz porque pisaríamos el pueblo de sus antepasados.

Mi papá no fue la excepción.

Mi hermana Thalía le había pedido que cuando muriera y llegara al otro lado, le enviara una señal. Mi papá, escéptico como era, le dijo que sí, pero no con mucho entusiasmo.

Justo una semana después de su muerte, ella y sus hijos se encontraban durmiendo. De pronto, a las 3:30 de la madrugada, timbró el teléfono; era un sonido continuo, muy diferente del normal. Ninguno de los niños lo escuchó, solamente Thalía, quien se asustó por el timbre. El teléfono estaba en la recámara de mi papá y a mi hermana le dio un poquito de miedo, pero se armó de valor y entró a contestar. Cuando levantó el auricular, no se escuchó nada del otro lado de la línea. ¡En ese momento supo que había sido la señal acordada y se volvió a dormir muy emocionada!

Igual que pasó con mi mamá, también tuve la fortuna de soñarlo. En uno de esos sueños, lo veía en la ventana de su cuarto, con pantalón de vestir y camiseta (como cuando salía de bañarse), platicando con un Doctor que estaba en la calle. Éste estaba muy sorprendido de ver a mi papá, pero más se sorprendió cuando apareció mi mamá. Ella entraba a la recámara y le decía que mi papá acababa de llegar, pero que ella había vuelto hacía mucho tiempo. ¡Era padrísimo ver a los dos!

En otro sueño hermoso y a la vez triste, mi esposo y yo manejábamos por unas calles súper empinadas y llegábamos a una azotea. Ahí se veía ropa blanca tendida: unos brassieres de mi mamá, y calzones y batas de mi papá. Salía una señora de la puerta de enfrente y le preguntábamos si ahí vivía el Dr. Jurado. Ella contestaba, señalando hacia una puerta:

— *Ah, sí, ahí vive el pobre...*

En eso, él se asomaba y salía corriendo con gran agilidad. Se abrazaba con mi esposo y yo salía corriendo, librando obstáculos para poder saludarlo. ¡Nos dábamos un abrazo apretadísimo! Yo lloraba desconsolada porque hacía mucho que no lo veía y porque me daba mucha tristeza que vivieran en esas condiciones. Luego salía mi mamá, y también lloraba con ella.

Pero mi papá no solo se hizo presente en mis sueños.

La primera cosa extraña sucedió un año después. Era de su cumpleaños y todo el día me estuve acordando mucho de él. En la tarde abrí una cómoda porque iba a buscar una bolsa para la basura y de repente me brincó una foto que se había caído del cajón superior. Era de la boda de Nora… ¡estábamos bailando él y yo…! ¡Me dio tanto gusto verlo, fue como si me hubiera venido a decir que estaba feliz!

Lo más curioso es que dos años después, justo cuando faltaba un día para su cumple, sucedió algo muy parecido.

Ese día me puse a buscar fotos en un cajón, para un trabajo de mi hija. Entre otras, encontré una donde estaba mi papá celebrando su cumpleaños en un restaurante, con un pastel enfrente. Al verla, se me ocurrió escribir algo para mis hermanos -como si viniera de parte de mi papá- y anexarle la foto, así que la puse aparte. Luego empecé a guardar todos los papeles y fotografías que había sacado, cuando -igual que dos años atrás-, la del cumpleaños me brincó de una carpeta... ¡la había guardado sin darme cuenta!

La última manifestación sucedió hace tres meses, sí... el día de su cumpleaños.

Esa mañana desperté sin ganas de felicitarlo por Facebook. Desde que abrí mi cuenta, a mediados del 2011, había estado escribiendo sobre él, con motivo de su cumple, del día del Médico, del aniversario de su nacimiento a la verdadera vida y de sus visitas en mis sueños-que-no-son-sueños.

Ese día sentí lo mismo que cuando comencé a escribirle una carta la noche de su funeral y después de un buen rato, no supe qué más poner... afortunadamente, ya todo se lo había dicho en vida.

Pues bien, esa tarde me dirigía a una tienda después de haber dejado a mi hija en una clase. Como siempre, llevaba la radio prendida y mientras escuchaba a César Lozano, dije para mis adentros:

—No tengo ganas de felicitar al Gordo en el feis… la verdad ya me da flojera decir tanta cursilería.

Luego, no sé por qué, pensé en la tan socorrida frase 'los muertos viven mientras uno los recuerde'…

Eso no es así –discutía mentalmente con nadie en particular-, el Gordo VIVE independientemente de que alguien se acuerde de él. Es como si mi marido se va de viaje a China… ¡qué pendiente…! Debo acordarme de él a cada segundo porque si no, lo mato, ¿no? Jajaja, qué absurdo.

Entonces recordé todas las veces que me ha visitado en sueños y me dije:

—No hay necesidad de felicitarlo.

De repente, la radio se cambió solita –como siempre sucede por las tardes- del 98.3 al 106.7 y comienzo a escuchar a Ely Guerra cantando:

"Júrame que aunque pase mucho tiempo pensarás el momento en que yo te conocí
Mírame, pues no hay nada más profundo ni más grande en este mundo que el cariño que te di…"

¡Era la canción que mi papá más cantaba y que –según yo- se la dedicaba a mi mamá!
Me puse chinita y se me llenaron los ojos de lágrimas, pensando que el momento en que lo conocí fue al nacer, ya que él fue el médico que atendió el parto:

—Mugre Gordo –pensé- ahora sí me va a hacer que lo felicite en Facebook…

Y sí, esa noche conté esto que acabo de relatar y terminé dándole las gracias por vencer las barreras dimensionales y venir a recordarme lo mucho que me quiere.

Por todo lo anterior, no me queda la menor duda de que mi papá sigue presente en nuestras vidas, que es inmensamente feliz y quiere que lo sepamos.

Y bueno, la comunicación no se ha limitado a mis padres. Un día, durante un sueño, conocí a Don Pancho Alonso, mi abuelo materno. ¿Y qué tiene eso de especial? Pues que él murió cinco años antes de que yo naciera.

Mi abuelo nació en Asturias, España y junto con algunos de sus hermanos se vino a probar fortuna a América. Llegó primero a Estados Unidos, donde se reencontró con una antigua compañera de escuela (mi abuela). Se casó con ella y fijaron su residencia en Valle de Santiago, Guanajuato (México). Años después, mi abuela moriría ahí. Después de varios años, don Pancho se fue a trabajar a un aserradero en el estado de Chihuahua y justo ese fue el escenario de mi sueño.

Mi abuelo se veía no muy joven, no muy viejo. Yo me acercaba y me presentaba con él. ¡Le daba tanto gusto conocerme que me abrazaba muy fuerte! Le contaba sobre las reuniones que los Alonso habían instituido pocos años atrás y empezaba a platicarle que a la última habían asistido los descendientes de su hermano mayor. De pronto llegaban unos señores en un camión y le decían que ya tenían que irse a trabajar. Mi abuelo les contestaba muy sonriente que no iba a ir porque pensaba quedarse conmigo… ¡Los dos estábamos felices y muy orgullosos el uno del otro!

Cuando desperté, supe que realmente lo había conocido, y di gracias a Dios por tan maravilloso regalo.

¡Ah, pero soy tan afortunada, que no solo lo conocí a él!

Durante otro sueño, mi mamá venía para estar con nosotros y preparaba la cena muy contenta. Todos nos sentábamos alrededor de la mesa, y ella salía de la cocina, cargando una charola con ricas viandas. Atrás venía una señora mayor, que se parecía a ella en los ojos hundidos y en la forma de la nariz. Mi mamá la presentaba como Aurelia. Al principio no le di mucha importancia, pero luego me cayó el veinte… ¡Aurelia era su abuelita materna! ¡Mi mamá había venido a presentarnos a mi bisabuela!

Mis papás, mi tía Felisa y mi tío Pancho (hermanos de mi mamá) también se hacen presentes en las reuniones de los Alonso, pues frecuentemente sueño que todos están ahí, disfrutando al máximo de la reunión.

Con mi abuelita Amparo Blanco (esposa de don Pancho Alonso) también me sucedió algo extraordinario, mas no en vida, ya que ella murió muy joven.

Todo empezó con la visita de mi mamá en la madrugada, faltando muy poco para que me despertara (precisamente como dice Yohana García que lo hacen los que ya han dejado su cuerpo, en el libro "Francesco, una vida entre el cielo y la tierra"). La soñé como era, platicábamos con otras personas, y yo pensaba:

—Ay, mi mamá siempre contando las mismas anécdotas, pero bueno, gracias a Dios que ya regresó y la puedo ver y escuchar.

Ella me miraba, como sabiendo lo que estaba pensando y me sonreía… las dos estábamos conscientes del gran regalo que era el que ella volviera de la muerte.

Enseguida vi una escena en blanco y negro, se veía claramente que era del pasado: era un funeral y había muchos niños. Alguien decía que se los llevaran a la comunidad de El Puente… En eso desperté y de inmediato recordé que mi abuelito tenía un rancho que así se llamaba. Mi corazón supo que se me había permitido estar en el funeral de mi abuelita Amparo y me sentí la mujer más afortunada del mundo.

TERCERA PARTE

EN EL CONSULTORIO

(CASOS DE PACIENTES)

CAPÍTULO 13

Esteban y Cecilia

Esteban era un hombre felizmente casado y padre de dos hijas. Una noche soñó con la mamá de una ex novia. La señora había muerto años atrás y en el sueño le pedía que le llevara flores a su tumba. Después de eso, soñó un incendio. Lo primero que le vino a la mente al despertar fue la petición de quien pudo haber sido su suegra. Pensó seriamente en hacer lo que la buena señora le pedía, pero no quería arriesgarse a un encuentro con Cecilia, su ex novia... su primer amor.

Se habían conocido en la secundaria. Él estaba en tercero y ella en segundo, pero en diferentes escuelas. El día que la vio por primera vez estaban en un gimnasio; ella se dirigía a las gradas, acompañada de dos amigas. Esa mañana jugaba el equipo de basquetbol de la escuela de Esteban con sus archirrivales, los Osos de la secundaria 32, la escuela a la que pertenecía Cecilia. Las muchachas, empujadas por la gente, tropezaron y cayeron justo enseguida de Esteban, derramando las sodas y las jícamas con chile que acababan de comprar. Esteban, que era todo un caballero, se levantó como resorte para ayudarlas, y cuando vio a Cecilia sintió algo que le subía y le bajaba en el estómago. A ella le pasó igual. Cuando Esteban le dio la mano para ayudarla a levantarse, sintió una descarga eléctrica que la hizo estremecerse. Sus amigas, sumamente avergonzadas, habían salido corriendo, dejándola ahí, en las gradas del equipo contario. Cecilia no sabía ni dónde meterse, pero la voz suave y cálida de Esteban la hizo olvidarse de la pena y se quedó con él. Casi ni pusieron atención al juego, platicaron y platicaron y platicaron. Se dieron cuenta que tenían muchas cosas en común, y cuando se despidieron intercambiaron números de teléfono. A partir de ahí, se volvieron inseparables. Más o menos a las tres semanas de haberse conocido, se hicieron novios. Todos decían que eran la pareja ideal: los dos altos, ella bellísima con su pelo lacio y partidura en medio, él con su piel dorada y sus dientes súper blancos...¡guapísimo! Lo más importante es que se llevaban muy bien. Y así cumplieron su primer año de novios, luego el segundo, el tercero y el cuarto. Fue entonces que la relación comenzó a tambalear. Se dieron cuenta de que sus intereses habían cambiado, y de mutuo acuerdo decidieron terminar su noviazgo. Claro que nunca pudieron olvidarse y de vez en cuando se veían pero ya solo como amigos. Cuando Esteban entró a la universidad, conoció a quien años después se convertiría en su esposa: Carolina. De carácter dulce y apacible, ella se enamoró perdidamente de Esteban y él de ella.

Atrás quedó Cecilia, mas no así el cariño que siempre sentiría por ella... un cariño más de hermanos, que de hombre a mujer.

Pues bien, cuando Esteban soñó a quien hubiera sido su suegra, no quiso jugar con fuego, ya que Carolina y sus hijas eran lo que más le importaba, y decidió olvidar lo que había soñado. "Después de todo, fue solo un sueño", dijo en voz alta mientras se bañaba, como para convencerse de que eso era lo mejor. Terminó de arreglarse y salió a la terraza donde lo esperaban ya su esposa y las niñas. Desayunaron rápidamente y él se fue a dejar a sus hijas a la escuela, y de ahí a la tienda de chocolates finos de la cual era dueño. Carolina ya estaba ahí, atendiendo a la clientela. El negocio iba viento en popa, así que con tanta gente y tanto trabajo, no se volvió a acordar del sueño.

Dos días después, su madre lo llamó por teléfono para darle una terrible noticia: Cecilia había muerto en un incendio... se había quedado dormida mientras fumaba viendo la tele. Esteban no podía creer lo que oía. ¡Se sentía tan culpable! "¡Si hubiera ido al panteón, tal vez esto no hubiera sucedido!", se recriminaba.

Una voz lo sacó de sus pensamientos. Era Carolina, preguntándole si ya estaba listo, esa tarde serían testigos de la boda de dos buenos amigos. Durante todo el trayecto, Esteban no pudo dejar de pensar en Cecilia. "Ella está muerta por mi culpa", se decía una y otra vez. Antes de llegar a la boda, pasaron a dejar a sus hijas a casa de los abuelos maternos. En cuanto se despidieron, Esteban le contó el sueño a Carolina y le dio la noticia. Desafortunadamente, su esposa era una mujer sumamente celosa, y cuando Esteban le dijo que quería ir al funeral, le armó toda una escena. A pesar de que Esteban realmente creía que debía estar ahí, no tuvo más remedio que respetar los deseos de su esposa. Sobra decir que la boda fue un infierno para él... las imágenes de Cecilia adentro de la casa en llamas no lo dejaban en paz. Por su bien, aceptó su destino y comenzó a tratar de olvidar el incidente...pero no era una tarea fácil.

Como la muerte de Cecilia había sido muy repentina, Esteban tenía miedo de que no pudiera encontrar el camino hacia la luz. Investigando en internet encontró la página de Lucy Aspra, una mujer que ha dedicado su vida a los ángeles. En ella (www.lacasadelosangeles.com.mx) encontró una oración para quienes han dejado su cuerpo físico, y con mucho fervor la dedicó a su antigua novia. Días después recibió en su correo electrónico una tarjeta anónima que solamente decía: "Te estaré eternamente agradecida". Un escalofrío recorrió su espina dorsal...Esteban simplemente supo que la tarjeta venía de Cecilia y no pudo más que sonreír desde lo más profundo de su corazón. Curiosamente, no pudo volver a abrir la tarjeta... era como si nunca hubiera existido.

Los días pasaron y Esteban, en lugar de sentirse mejor, se hundía en su tristeza. Para su desgracia, no podía ni llorar, ya que Carolina estaba todo el día junto a él, ya fuera en el trabajo o en la casa. Entonces decidió reanudar las visitas a su madre a quien hacía tiempo no veía. Ahí, refugiándose en el que había sido su cuarto de adolescente, lloró por primera vez.

Y así fueron pasando las semanas. Él visitaba a su mamá, y después de platicar un rato con ella, daba rienda suelta a su tristeza. Hasta que un día, Lupita -una de sus hermanas- le recriminó: "¿Por qué lloras así? La que se murió no fue tu esposa, no tienes por qué guardarle luto a alguien que ya no formaba parte de tu vida" Las palabras de Lupita le calaron profundamente. Por una parte, sabía que ella tenía razón, pero por otra, más que llorar por un amor perdido, lloraba de culpabilidad.

Ante la imposibilidad de tener un lugar donde desahogarse, Esteban dejó de llorar. Y en el momento en que lo hizo, comenzó a tener dolores de cabeza. Estos, poco a poco, se fueron haciendo insoportables. Varias semanas después, y a regañadientes, fue a consulta con el Neurólogo; afortunadamente, éste no encontró nada raro en su cerebro, pero los dolores continuaron.

Un día, su prima Dolores lo llevó con una doctora que sanaba con la ayuda de los ángeles. Aunque Esteban no era escéptico, no sabía qué decirle a la doctora y le pidió que entrara primero ella a consulta. Dolores dijo que no, y lo mandó por delante, aconsejándole que solo le dijera que se le había muerto alguien y que le dolía la cabeza.

Esteban entró al consultorio, y después de presentarse, le dijo a lo que iba. "Muy bien", contestó ella. "Por favor quítese todo lo de metal y los zapatos, y recuéstese ahí", añadió, señalando la mesa de exploraciones. Acto seguido, colocó sus manos por debajo de la nuca del paciente, y como por arte de magia, el consultorio se empezó a llenar con seres de otra dimensión. Esteban no podía verlos, pero de repente comenzó a sentir una de sus manos más caliente que la otra, era una sensación muy extraña que duró casi toda la consulta. Pasados unos veinte minutos, la doctora le pidió que abriera los ojos y se sentara en la silla.

Lo primero que le dijo fue que necesitaba verlo otra vez pues había muchos seres deseosos de hablar con él. Aunque entre ellos se encontraba su ángel de la guarda, la doctora había decidido en esta ocasión escuchar a una joven, porque la vio muy desesperada. Ella le contó a la doctora cuánto había buscado ese encuentro, y le dio las gracias con una gran sonrisa. Entonces se sentó al lado de Esteban. Le tomó la mano, con mucha dulzura lo miró a los ojos y le dijo: "¡Estoy feliz de volver a verte! ¿Por qué estás tan triste? ¡Este lugar es maravilloso y soy inmensamente feliz! Tú tienes una vida por delante y debes cuidar de tu esposa y de tus bellas hijas. Por favor... no llores más por mí". Y habiendo dicho esto, le soltó la mano, se despidió de la doctora y desapareció. Cuando Esteban escuchó la descripción de la joven (alta, de cabello lacio y partidura en medio), no tuvo ninguna duda... ¡se trataba de Cecilia! No pudo más y rompió a llorar, pero ahora de alegría. Y al hacer esto, su dolor de cabeza desapareció.

Han pasado ya dos años, y en tres ocasiones Esteban ha sentido la presencia de Cecilia. La primera sucedió una vez que se quedó solo en su casa, la segunda, al momento de subirse a su carro y la tercera, mientras trabajaba en su oficina. Las tres veces le ha llegado un repentino olor a cigarro…pero ni él, ni su esposa, ni sus empleados fuman. Para Esteban es muy claro que es Cecilia quien se las ingenia para venir a saludarlo, y en las tres ocasiones le ha dicho, sonriendo:

—"Aquí andas… espero que estés bien…yo estoy feliz y aquí quiero seguir; salúdame a los míos".

A los pocos minutos, el olor desaparece, dejando en Esteban un calorcito extraño y reconfortante en su corazón.

CAPÍTULO 14

Jesús y Rosa Emma

Hace tiempo tuve la fortuna de conocer a un gran matrimonio formado por Jesús y Rosa Emma Vázquez del Mercado. Aunque ambos habían trabajado en el Instituto Tecnológico de Chihuahua, donde yo estudié, nunca hubo una relación entre nosotros. El encuentro se dio a los pocos años de haber terminado mi carrera, cuando ingresé a la Asociación de Ingenieros en Calidad de Chihuahua (AICCH). Jesús formaba parte de ese grupo, y pronto pude percatarme de su amabilidad, inteligencia, simpatía y entusiasmo. Siempre incansable, le gustaba dar cursos y participar en cuanto comité se formara. Le encantaba hacer bien las cosas y ponía mucho empeño para lograrlo. Al poco tiempo de haber ingresado a la AICCH, yo me casé con un compañero de trabajo que también estaba en la Asociación y mi marido y yo nos empezamos a llevar mucho con Jesús y su simpatiquísima esposa. ¡Nos encantaba ir a su casa pues nos recibían como si fuéramos de la familia! Cada vez que los visitábamos, queríamos quedarnos el más tiempo posible.

Un día, Jesús fue diagnosticado con cáncer. Optimista hasta la pared de enfrente, se dispuso a luchar por su vida.

No sé cuándo nos enteramos, solo sé que pasaron muchos meses. Dos o tres años después de haber sido diagnosticado, fuimos a visitarlo una tarde y lo encontramos en la sala con dos representantes del Tec. Ellos habían ido a comunicarle que uno de los edificios de posgrado llevaría su nombre. ¡Nos dio muchísimo gusto que le dieran ese merecido homenaje! Mi esposo se quedó en la sala con ellos y Rosa Emma y yo nos fuimos a la cocina. ¡Se me cocían las habas por platicarle de la doctora Altés (no sé por qué no lo había hecho antes)!. En cuanto empecé a hablar, se mostró muy entusiasmada, pues alguien les acababa de contar maravillas de la misma doctora. Platicamos un buen rato y cuando los visitantes se hubieron retirado, nos fuimos a la sala con nuestros maridos. De inmediato le conté a Jesús sobre la doctora, y no batallé nada para convencerlo.

A las pocas semanas, Rosa Emma me llamó para decirme que por fin habían ido y comenzó a contarme los pormenores; la primera vez que fueron a consulta regresaron con las manos vacías, pues la doctora estaba exhausta y les pidió que volvieran otro día. La segunda vez, nada más entró Jesús, mientras ella lo esperaba en la salita, pensando qué les iría a decir la doctora. Lógicamente, tenía la esperanza de que los ángeles sanaran a su marido, pero ella también quería consultarla para cerrar una vieja herida provocada por la muerte de su madre. La señora había partido - veinte años atrás- a consecuencia de una insuficiencia renal y había pasado los últimos días de su vida intubada e inconsciente. Lógicamente, eso impidió que se despidiera de sus seres queridos, y fue un gran golpe para Rosa Emma. Cuando eso sucedió, su hermana mayor tenía siete meses de haber muerto, por lo que ella tendría que hacerse cargo de su padre (un hombre mayor) y de su hermano enfermo. "¿Por qué te fuiste con mi hermana y me dejaste toda la responsabilidad?" –preguntaba a su madre muerta. Se sentía impotente al no obtener respuesta... Ese sentimiento la acompañó desde entonces y dejó de hablar de ella... ¡su recuerdo le dolía intensamente!

Pero bueno, volvamos a la cita con la doctora. Más o menos a la media hora, salió Jesús... Se veía muy tranquilo, sin embargo no tuvieron tiempo de platicar, ya que era el turno de Rosa Emma.

Saludó a la doctora, se despojó de todo lo metálico y se recostó en el diván. Lo primero que le dijo Rosalía fue que no había cerrado el ciclo del duelo de su mamá y que ya habían pasado muchos años. Rosa Emma se quedó de a seis, pues ella no lo había mencionado, pero más cuando comenzó a hacerle Reiki y le dijo que ahí estaban su papá, su abuelito y

su hermana (todos ya fallecidos)... ¡No lo podía creer!
La mamá llegó enseguida y se dirigió a la doctora:

—Por favor dígale a mi hija que estoy muy agradecida con ella por todo lo que me cuidó. ¡Fue muy buena hija...siempre me dio todo sin pedir nada! Aunque no nos pudimos despedir de palabra, yo siempre estoy con ella...la acompaño cuando se pone triste y todas las noches velo su sueño...dígale que no se preocupe de nada.

Rosa Emma escuchó el mensaje de su madre con una gran emoción.

Entonces, la doctora añadió:

—Todos ellos le trajeron un ramo de flores blancas...

De repente, la doctora hizo una expresión de sorpresa y dijo con la voz quebrada:

—¡Me acaba de dar un beso su mamá y me está dando las gracias por habernos comunicado...!

Rosa Emma abrió los ojos y vio que la doctora se estaba limpiando las lágrimas. Para ésta, había sido realmente conmovedor pensar en todo el tiempo que la señora había esperado para poder hablar con su hija y desde el fondo de su corazón daba gracias a Dios por haberle permitido ser un puente entre ellas.

La sesión de Reiki terminó, Rosa Emma se sentía tan ligera como una pluma. Entonces, la doctora confirmó lo que tanto temía, al decirle que tenía que cerrar ese duelo porque venía otro más fuerte... Rosa Emma sintió como si le hubieran echado un balde de agua fría y salió a hablar con su marido. Lo encontró sentado en la sala de espera; se despidieron de la doctora y en cuanto se subieron al carro, él le contó que un Ser de luz le había comunicado que su tiempo en la Tierra había terminado y que debía aprovechar lo que le quedaba de vida para pedir perdón, para dar y recibir amor. ¡Rosa Emma no podía creer lo tranquilo que estaba! Su esposo le preguntó cómo le había ido a ella y se emocionó mucho cuando escuchó el mensaje de su suegra. Sabiendo que habían recibido un gran regalo, se unieron en un fuerte abrazo.

A partir de ese día, Jesús comenzó a hacer lo que el Ser de luz le había dicho. Habló con muchas personas y tuvo tiempo de limpiar su conciencia. Desafortunadamente, el declive vendría más pronto de lo que pensaban y en cuestión de semanas su salud empeoró gravemente.

Aproximadamente un mes y medio después de haber ido con la doctora, le tocó a su hija Rosana cuidarlo toda la noche.

Parecía una noche cualquiera, los dos estaban muy tranquilos, platicando de todo y de nada. En cierto momento, Jesús comenzó a ponerse muy inquieto. Su hija entonces le hizo una terapia de relajación, pidiéndole que visualizara un hermoso campo lleno de flores. Como por arte de magia, Jesús se tranquilizó, pero volvió a inquietarse horas más tarde. Entonces su hija le hizo de nuevo la terapia.

Cerca de las 6 de la mañana, Jesús le pidió que les hablara a sus hermanos. Tenía miedo de llamarle a su esposa, ya que semanas antes, ésta había tenido la presión muy alta y había pasado cuatro días dormida. Rosana se levantó a buscar no solo a sus hermanos, sino también a su mamá. Ella fue la primera en llegar. En cuanto la vio, Jesús le dijo: "Hazme aire porque ya me voy"... Como autómata, se hincó y comenzó a mover una carpeta frente a su marido... estaba en shock. La carpeta estaba llena de papeles, y con el movimiento, éstos comenzaron a salirse. Jesús le dijo a Rosa Emma que los recogiera, ella no entendía cómo podían importarle los papeles en ese momento. Cuando llegaron sus hijos, él anunció que ya se iba y pidió que lo sentaran para que fuera más rápido. Apenas lo hubieron sentado, le dio un paro cardiorrespiratorio y su ya excesivamente delgado cuerpo se fue para adelante, quedando recargado en el pecho de Rosa Emma: ¡su espíritu emprendía el viaje de regreso al Hogar! Todos veían la escena como algo irreal.

El hijo mayor estaba parado en la puerta de la recámara, cuando de repente sintió una palmada de consuelo en el brazo. Volteó a su derecha, pensando que era su esposa, pero no había nadie. Sus ojos se toparon con una imagen de la Virgen de Guadalupe y supo que ella estaba ahí para consolarlos. Semanas después se enterarían de que la doctora Altés también estuvo presente –en espíritu, lógicamente- ayudando a Jesús en su transición.

Aproximadamente un mes después, Rosa Emma volvió con la doctora...quería saber qué había pasado con Jesús. Por ser un evento tan reciente, ésta no lo pudo ver y le explicó el por qué: cuando el espíritu llega al Otro Lado, lo envían a una especie de hospital para purificarlo; ahí es donde la doctora supone que se encontraba él en esos momentos. Al que sí pudo ver fue a su papá, quien le mandó decir que Jesús estaba bien, que no se preocupara. La doctora le preguntó si su esposo era muy querido porque a pesar de que no podía verlo, se daba cuenta de la gran bienvenida que le habían organizado quienes ahora vivían del Otro Lado... ¡había tanta gente y tanta luz!

Eso llenó de mucha paz a Rosa Emma y se fue con un grato sentimiento en su corazón.

Al poco tiempo, sin embargo, el dolor de haberlo perdido atacó de nuevo y regresó con la doctora para saber de él. Desafortunadamente, tampoco pudo verlo en esta ocasión. Rosa Emma se sintió muy decepcionada, pero la doctora le aclaró que la comunicación no era cuando uno quería, había que contar con el permiso de Dios.

A los dos meses regresó, vestida con un pantalón azul y un sweater negro; la doctora le pidió que no se vistiera así y le explicó que cuando alguien muere debemos vestirnos con colores alegres y dar gracias a Dios. Entonces, dijo las palabras que Rosa Emma tanto había anhelado escuchar:

— Aquí está su esposo. Y continuó:

— ¿Él usaba partidura en un lado?

-Sí.

—Ah, pues ya lo estoy viendo... tiene como 25 o 26 años y su pelo ya le creció, trae la partidura en un lado y me está invitando a conocer el lugar donde vive... ¡Es un lugar precioso y lleno de flores!

La doctora vio la casa de Jesús. Era muy bonita y estaba junto a una cascada hermosa.

También le enseñó a la gente con la que ahora vivía.

Entonces la doctora dijo algo que llenó de alegría y de esperanza el corazón de Rosa Emma:

—Su esposo me está pidiendo que le diga que en ese lugar se dio cuenta que usted es su alma gemela y que cuando llegue a ese lugar, él la va a estar esperando para volver a estar juntos.

A casi diez años de la muerte de su cuerpo físico, mi esposo y yo le enviamos un abrazo con mucho cariño al espíritu del Ing. Jesús Vázquez del Mercado: amigo fiel, auténtico y servicial. ¡Hasta pronto Jesús!

CAPÍTULO 15

Chile con queso (de todo un poco)

Han pasado diez años desde que fui con ella por primera vez; en este tiempo he regresado en muchas ocasiones, como paciente o acompañante y también mi familia lo ha hecho. A continuación presento un breve resumen de esas consultas.

<u>Noticias de mi madre</u>

Cuando mi mamá dejó su cuerpo físico, una de mis hermanas, mi papá y yo fuimos a consulta pues queríamos saber dónde estaba. Como había pasado muy poco tiempo (unas pocas semanas), no pudo verla bien. Solo nos dijo que, al igual que todas las personas que 'mueren', se encontraba en una especie de hospital para despojarse de todo lo terrenal.

Al poco tiempo, mi papá y Nora volvieron a ir. Las noticias que recibieron no podían ser más alentadoras: mi mamá estaba en un jardín, recibiendo a los niños que acababan de llegar al Otro Lado. ¡Esto fue un gran regalo que nos reconfortó a todos!

Larvas Energéticas

Meses después, me mandó llamar la maestra de mi hijo para decirme que andaba muy inquieto, molestando a todos en el salón. A los pocos días fuimos a Chihuahua y lo llevé con la doctora. Ésta lo examinó y en plena sesión, me comentó:

— Dice su mamá que necesita tener más armonía en su casa. ¿Pelean mucho usted y su esposo?

Los ojos se me llenaron de lágrimas al saber que mi mamá estaba ahí, y aunque nunca había dudado de la capacidad de la doctora, ese detalle me dejó con la boca abierta: en los últimos días, mi esposo y yo habíamos discutido más de lo habitual. Claro que todavía no entendía qué tenía que ver eso con mi hijo.

Su explicación me dejó muda:

—Cuando peleamos, sin darnos cuenta generamos unas larvas energéticas; algunas personas las absorben, mientras que a otras no les hacen nada. Su hijo pertenece al primer grupo, por eso es importantísimo que le haga caso a su mamá.

¡Me sentí tan culpable y a la vez tan aliviada!

Más tarde, se lo conté a mi esposo, quien se sorprendió tanto como yo. Bastó con ese jaloncito de orejas para que todo volviera a la normalidad en nuestro hogar.

Sanando al más escéptico

Durante la primera mitad del año siguiente, fuimos testigos nuevamente del poder curativo de la doctora. Mi papá tenía tiempo quejándose de un dolor en la espalda, provocado por un caballo que lo había tirado en sus años mozos. Terco como mula, no aceptaba nuestro ofrecimiento de llevarlo a consulta.

Un buen día me tocó estar de visita en su casa y noté que el dolor era cada vez más intenso. Le volví a decir que fuéramos a verla, pero fue inútil. Esa noche, al hacer oración, le pedí llorando a mi ángel que hablara con el ángel de mi papá y lo convenciera.

Pues bien, a la mañana siguiente, entré a su recámara y me puse a platicar con él. Lo primero que le dije fue:

—Entonces qué Gordito, ¿te llevamos con la doctora?

—No.

— ¡Ándale Gordo!

— ¡Que no... no seas terca!

— ¿Qué pierdes con ir? Es más, vamos y si no te ayuda en nada, te doy la satisfacción de que me lo eches en cara toda tu vida.

—Ay sí, ¿y eso de qué me va a servir?

Así duramos como media hora. De repente, sentí como que comenzaba a ceder cuando me dijo:

—Pero ni siquiera me he bañado...

—Ah, no le hace. Báñate con calma y cuando salgas te llevamos.

Y por fin dio su brazo a torcer. Viendo hacia el piso y esbozando una leve sonrisa, me dijo:

—Vamos pues.

Yeeeeeees! Emocionada, le di un abrazo y un beso y le grité a Nora mi hermana que ya había aceptado. Ella subió las escaleras de dos en dos y emocionada, preguntó:

— ¿En serio Gordito? ¿Cómo le hiciste para que aceptara, Guny? ¡Yo tenía más de seis meses tratando de convencerlo!!!

— ¡Ah pues es que mi ángel me ayudó!

Súper felices, esperamos a que el Gordo se bañara y se arreglara. Al final, salió guapísimo (como siempre), de traje y corbata y oliendo a loción.

Con mucho cuidado, lo ayudamos a subirse al carro. Nora debía manejar muy despacito, ya que el pobre se lastimaba con los topes; en cuanto veía uno, se tomaba de la agarradera y cuando sentía el brinco, su cara se transformaba en un rictus de dolor.

El trayecto se nos hizo eterno, pero por fin llegamos. La doctora lo recibió con mucho respeto, dándole su lugar como paciente y sobre todo, como colega. Platicaron un ratito, luego con mucho trabajo lo ayudamos a subirse a la camilla.

Mi papá se emocionó cuando le dijo que ahí estaba una mujer de ojos grandes, muy parecida a él. Al principio, todos pensamos que podría ser su mamá, pero por la descripción, más bien concluimos que era su hermana menor –ya fallecida–, a la que lo unía un cariño especial.

Cuando terminó la consulta, el Gordo pudo levantarse solito de la camilla. Sorprendido, exclamó con su boca de pico:

— ¡Ya no me duele! –y comenzó a bailar, jajaja. Ella le explicó que al inicio de la sesión su campo energético estaba muy desgarrado como consecuencia de las operaciones que había tenido, pero que ya se lo había reparado.

Se despidió de la doctora con un fuerte abrazo, sumamente conmovido y agradecido por la tremenda curación que le había hecho. En el camino hasta se le olvidó tomarse de la agarradera y, cuando pasamos por un tope, se dio cuenta que no lo había hecho y que no le había dolido. A Nora y a mí no nos cabía el corazón en el pecho y le agradecimos al Gordo –y a nuestros ángeles- por ese gran regalo.

Noticias de mi padre (genio y figura)

Meses después, le llegó también a él su cita en el Otro Lado. A los pocos días, dos de mis hermanos fueron a ver a la doctora para saber de él. Les dijo lo que ya habían escuchado con mi mamá: que estaba en una cama de hospital. La diferencia era que mi papá se encontraba en plena tertulia… feliz, rodeado de varios hombres y mujeres muy parecidos a él (probablemente, sus hermanos ya fallecidos).

A las pocas semanas les dijo que lo veía saliendo del hospital. Primero iba en una silla de ruedas, luego se levantaba y comenzaba a caminar. A su alrededor había algunas personas y el Gordo hacía muchos ademanes...

— ¡Genio y figura!- pensaron mis hermanos, ya que a mi papá le encantaba contar chistes y/o hacer magia frente a cualquier incauto que se topara en su camino.

Un nuevo hígado para mí

En el 2008, mi hermana Nora y yo recibimos asistencia médica de la doctora y de los seres de luz.

Yo estaba a punto de comenzar un tratamiento contra la hepatitis C. Al principio me resistía, pero uno de mis hermanos que es doctor me convenció. Me puse en las manos de un extraordinario Gastroenterólogo y en las de la Dra. Altés y todos sus ayudantes (obviamente, Dios en primer lugar). Cuando fui con ésta, me dijo que mi hígado tenía un color obscuro. Los seres de luz que estuvieron en esa sesión trabajaron en él, utilizando unos instrumentos que la doctora no conocía (una especie de jeringas muy grandes que extraían algo de mi hígado). Al final, esos seres de luz le informaron a la doctora que éste había sido reparado. Ella pudo comprobarlo al ver que ahora tenía un color rosita; curiosamente, me animó a que me sometiera al tratamiento, supongo que en este caso eran necesarios los dos (el energético o espiritual y el terrenal o médico). Así lo hice y al cabo de 48 pesadas semanas, mi doctor me dio la gran noticia: la carga viral era prácticamente imperceptible... ¡estaba curada, gracias a Dios!

Los abuelos mensajeros

El caso de Nora era diferente. Ella se había hecho tres tratamientos para embarazarse; dos de ellos habían fallado y en octubre del 2008 sabrían si el tercero tendría éxito o no. Mientras esperaba a que pasaran los días, fue a consultar a la doctora y le dijo que preguntara si se veían hijos en su futuro. Rosalía claramente vio a mi papá y a mi mamá, cargando cada uno a un bebé; uno era niño y la otra, niña. Los Gordos (mis papás) le decían que esos bebés eran para ella, que no tuviera miedo, pues todo estaría bien.

Aunque a los pocos días se dio cuenta que ese tratamiento también había fallado, no perdió la fe y en unos cuantos meses se embarazó. La doctora le dijo que iba a ser un niño sumamente amoroso y que tendría unas pestañas enormes. Ese bebé nació al año siguiente y ahora es un niñote de seis años con unas pestañas impresionantes y cariñoso hasta la pared de enfrente. Hasta la fecha, mi hermana sigue pensando que la niña llegará en cualquier momento, pero yo creo que eso pudo haber sido también un mero simbolismo. Lo importante es que mi sobrino está aquí –y hasta conoció a mis papás- y eso nos hace inmensamente felices a todos.

La luz de Dios

La última vez que vi a la doctora fue hace más de un año. Yo iba a la boda de un sobrino en Parral y decidí estarme unos días antes en Chihuahua para entrevistarla, ya que me faltaban algunos detalles para el libro. Después de contarme varias historias, se me antojó pedirle una consulta. Yo tenía ya más de un año batallando con una colitis nerviosa y por esos días, mi panza era impresionante. Lo primero que me dijo al verme, fue:

— ¿Qué le preocupa? Y así como otra gran terapeuta que había consultado antes (Élida) me había explicado que los corajes se van a la parte central del cuerpo, Rosalía me dijo lo mismo de los miedos y preocupaciones. De inmediato se puso a trabajar a nivel energético en mi pancita; de repente, me invadió un sentimiento de autocompasión y comencé a llorar.

La doctora siguió trabajando y al cabo de unos minutos, me dice:

—Aquí están sus papás, –luego sonríe y continúa.

—Su mamá está muy tranquila y callada, pero su papá… ¡Ay, su papá…! Pregunta, un poco molesto, que si están pintados.

No entendí a qué se refería con eso y se lo pregunté. La doctora contestó que el Gordo quería que yo supiera que somos una familia y que ellos están siempre con todos nosotros.

Yo seguía sin comprender.

— ¡Pero yo los tengo presentes todos los días de mi vida!

Entonces la doctora me explicó que lo que mi papá quería era que les pidiéramos ayuda.

Eso me confundió más… yo pensaba que no se debía de molestar a quienes ya están en el Otro Lado, pero ella contestó que es todo lo contrario, ya que cuando les pedimos ayuda, los ayudamos a crecer espiritualmente. ¡Increíble!

Al terminar la sesión, le pregunté por qué había tenido ese sentimiento y me dijo que había sido un mensaje del Ser de Luz que vive en mí (o sea, mi Real Ser), por medio del cual me hacía ver el daño que solita me estaba causando. Wow! Entonces me recordó que no hay nada que temer y me recomendó que todos los días me envuelva y envuelva a mis seres queridos en la luz de Dios. También me dijo que cuando esté inflamada, ponga mis manos en el vientre y repita: "La luz de Dios disuelve mis miedos".

Esos dos consejos y el mensaje de mi papá me encantaron y de inmediato los puse en práctica: el miedo desapareció por completo y con la ayuda combinada que recibí de ella, de Élida y de Álvaro (mi hermano a quien también lo había consultado en ese viaje), comencé a desinflamarme poco a poco.

Sin lugar a dudas, el cambio en mi salud fue algo muy bueno, pero lo más importante fueron los dos regalos que recibí ahí:

El primero, la receta para dejar de preocuparme.

El segundo –que hace que mi corazón suspire-, saber que mis papás siguen al pendiente de todos nosotros y que están ansiosos por ayudarnos.

CAPÍTULO 16

Geometría sagrada

Todo en el universo fue creado utilizando el lenguaje simbólico de la Geometría Sagrada. Este "todo" va desde los átomos hasta las galaxias. Si observamos la naturaleza (minerales, vegetales y animales), veremos que en muchos de estos aparecen círculos, hexágonos, triángulos, elipses y espirales.

La Geometría Sagrada es muy útil para la Sanación:
a) Al meditar visualizando figuras geométricas se eliminan bloqueos.
b) Al colocar figuras geométricas en órganos y centros de energía se puede sentir un alivio o puede haber una curación definitiva.

Pues bien, hace algunos años, la doctora Altés fue testigo de algo grandioso con respecto a este tema. Esta es la historia:

3:40 de la mañana: Rubén se encontraba en el almacén de la gran empresa en donde trabajaba. Tenía 22 años y estaba muy entusiasmado porque por fin lo habían contratado como operador de montacargas. No había sido fácil, pero la señorita de Recursos Humanos lo había asesorado muy bien y le había ayudado a obtener su licencia.

Con mucha nostalgia, comenzó a recordar. Tres años atrás, su situación económica era desesperante. La sequía que afectaba al norte del país había acabado con sus sueños y los de sus padres. Estos habían muerto tiempo atrás y ninguno de sus hermanos vivía ya ahí, todos se habían ido *"pa'l otro lado"*. Rubén nunca quiso seguirlos, él todavía creía que la situación en México se iba a componer.

Un día, mientras veía con tristeza que ya solo le quedaba una vaca esquelética y un chivo moribundo, escuchó una voz femenina que lo invitaba a trabajar en la gran ciudad. La voz era de María, la encargada de las contrataciones en Hosmex de Chihuahua.

Recordó que la última vez que había visto a su tío Guadalupe, le había mencionado ese nombre. Curioso, se acercó al grupito que ya se había formado. El entusiasmo de María al citar las bondades de trabajar para esa gran empresa lo contagió y, sin pensarla dos veces, se apuntó. Era jueves, un camión pasaría el lunes a recogerlos.

Por primera vez en muchos años, se sentía emocionado. Pensando que nadie le compraría sus miserias de animales, decidió regalárselos a doña Marinita y a don Pepe, sus queridos vecinos. También les dejó su casita encargada, pues aunque la empresa daba transportación gratis a los trabajadores de Pueblos Quietos (como le decían los citadinos a su rancho), él había ya pensado quedarse a vivir en la ciudad. Sabía que estaba haciendo lo correcto, ahí ya no había nada para él.

El lunes se arregló muy temprano para estar a tiempo en el lugar acordado. A lo lejos, vio la polvareda y en minutos estuvo sentado en el camión. Le llamó la atención que estuviera tan lleno, nunca se imaginó que hubiera tanta gente en las rancherías vecinas. Atrás de él venían dos hermanas: Carmela y Ruth. Ellas eran del pueblito donde había nacido su madre y, al igual que él y todos los demás, estaban muy entusiasmadas por iniciar una nueva vida y salir de la miseria. Ruth estaba a punto de casarse, su novio se había ido de *mojado* y había prometido regresar por ella ese mismo año. Carmela no tenía novio y aunque era muy tímida, se sintió atraída hacia Rubén. A él le pasó igual. A partir de ese día se volvieron inseparables y al poco tiempo se hicieron novios. El novio de Ruth nunca volvió, pero eso a ella no le importó, ya que se enamoró del primo de Rubén...

De pronto, una voz lo sacó de su abstracción:

— ¡Cuidado Rubén...!

...la advertencia vino demasiado tarde: uno de sus compañeros acomodaba material en la parte más alta de los *racks* (estantes), cuando el montacargas chocó, haciendo que la pesada carga se viniera abajo y golpeara a Rubén en la cabeza. Éste cayó al piso, inconsciente. Sus compañeros corrieron asustados a ayudarlo; aunque no le había caído el material encima, el golpe en la cabeza había sido suficiente para derribarlo. Alguien pidió una ambulancia y los paramédicos llegaron en cuestión de minutos, le colocaron un inmovilizador de cuello y lo depositaron con mucho cuidado sobre una camilla rígida.

La ambulancia llegó al hospital más cercano. Le tomaron toda clase de estudios y determinaron que tenía hemorragia cerebral. Lo intervinieron quirúrgicamente y a los pocos días lo dieron de alta. Rubén pudo reintegrarse a su trabajo semanas después y habiendo visto la muerte tan de cerca, le propuso matrimonio a Carmela. Ella aceptó, ilusionada.

Los años pasaron, la vida los premió con tres hijos. Corrían rumores de que Hosmex cerraría sus puertas y desgraciadamente así fue. Rubén no tuvo más remedio que regresar a su pueblo. Un día, subió a su familia y sus pocas pertenencias a la *troquita* ODEPAFA que con tanto sacrificio había comprado y se despidieron de la ciudad.

El llegar a su amado terruño le trajo muchos recuerdos…malos recuerdos y juró que trabajaría muy duro para que a su familia no le faltara nada. Encontró su casita mejor que como la había dejado. Con el dinero que periódicamente mandaba a Doña Marinita y a Don Pepe, éstos se habían encargado de cuidarla como si fuera de ellos.

Tanto Rubén como Carmela tenían mucha ilusión por volver a empezar. Sus hijos aún eran pequeños y pronto se adaptaron a su nueva vida. Lo único que se podía hacer en el rancho era trabajar en el campo y poco a poco fueron transformando la tierra.

Parecía que la vida les sonreía. No eran ricos, pero no les faltaba qué comer y los niños crecían sanos. Sin embargo, Rubén comenzó a padecer de dolores de cabeza, justo en el sitio donde se había golpeado. Su esposa Carmela y Doña Marinita probaban todos los remedios habidos y por haber, pero era inútil... nada parecía aliviar su dolor.

Rubén estaba desesperado pues no tenía dinero para ir a ver al especialista. Sin decirle nada, su esposa llamó a Chihuahua a su hermana Ruth, para ver si podría ayudarlos. Ella se había casado con el primo de Rubén, pero por desgracia su situación económica no era nada buena; su esposo había invertido todos sus ahorros en un negocio que nunca funcionó.
—Pero no te desesperes Carmencita, mi vecina estaba muy enferma y una doctora que vive por aquí, la curó. ¿Por qué no vienen a visitarnos y de paso la consultan? ¡Hace mucho que no veo a los niños!

Carmela y Rubén aceptaron la invitación y dos días después llegaron al consultorio de Rosalía Altés. Rubén le dijo lo que le pasaba y la doctora le pidió que se acostara en la mesa de exploraciones. Cuando comenzó a pasar las manos por su cabeza, pudo ver que se trataba de una hemorragia minúscula.

—Estoy viendo un pequeño vaso que está sangrando lentamente –le dijo. Voy a pedir ayuda allá arriba y nos ponemos en manos de Dios; es lo único que podemos hacer.

Rubén asintió con la cabeza mientras su esposa oraba en silencio.

De las manos de la doctora comenzaron a salir figuras geométricas. Maravillada, vio círculos y pentágonos que de forma minuciosa iban reparando el vaso sanguíneo, hasta que toda la zona se sanó. Entonces, escuchó una voz de allá arriba que le decía:

—Listo. Ahora cierra su campo energético.

Así lo hizo. Sin que Rubén supiera aún de las figuras geométricas, exclamó con emoción:
— ¡Ya no siento ninguna molestia, no siento nada!

—Me alegro mucho, contestó la doctora y procedió a explicarles lo que había sucedido.

Carmela y Rubén no entendieron gran cosa de la Geometría Sagrada, pero salieron de ahí conscientes de que la vida les había hecho un gran regalo. Llegaron a la casa de Ruth y celebraron con una discada. Al día siguiente regresaron a su rancho, donde permanecen hasta la fecha. Gracias a Dios y a la oportuna intervención de su ángel guardián –como Rubén llama a la doctora Altés- no ha vuelto a tener problemas de salud.

CAPÍTULO 17

Por siempre juntos

Renata era una niña que desde pequeña llamaba la atención por su madurez. Devoraba los libros de la biblioteca de su escuela, quería saberlo todo. Los veranos los pasaba en la casa del abuelo y a sus siete años podía sostener una conversación inteligente con él y con sus tías. Pero no era una niña tranquila, todo lo contrario, era sumamente inquieta.

Un día, el novio de su tía Lucy llegó por ellas para llevarlas a la nogalera de la que era dueño; ahí, Renata se sentía completamente libre. En cuanto llegaron al lugar, la niña salió corriendo hacia el río, donde sabía que encontraría a Pedro, su mejor amigo. Éste vivía en la huerta de al lado, pero como el río no pasaba por ahí, todos los días se brincaba la cerca. Él y Renata tenían los mismos intereses: les fascinaba explorar todo el terreno, colgarse de los árboles y nadar en el río. Esa tarde los niños se divirtieron más que de costumbre porque había estado lloviendo y encontraron muchísimos renacuajos en el agua. Los atraparon en varias botellas de jugo y por un buen rato, permanecieron viéndolos, hipnotizados. Luego fueron a buscar a Lucy y a su novio para comer todos juntos. Media hora más tarde, estaban de regreso en el río.

— ¡A que no me atrapas! –gritó Renata mientras se aventaba al agua. Pedro se zambulló tras ella, pero la niña le llevaba una gran ventaja. Sabiendo que podía aflojar el paso, Renata se puso a flotar como muertito. Nunca vio un gran tronco que venía río abajo a gran velocidad. Pedro comenzó a gritarle que se saliera, pero la niña no lo escuchaba. Y sucedió lo inevitable... el tronco golpeó a Renata en la cabeza, dejándola inconsciente. Asustados por los gritos del niño, se acercaron unos trabajadores. Cuando llegaron, vieron que éste ya la había sacado del agua. El capataz sabía algo de primeros auxilios e intentó reanimarla, pero sus esfuerzos fueron en vano... la niña había muerto. Toda la familia se desmoronó al enterarse de la noticia, especialmente su tía... ¡se sentía tan culpable por haberla llevado a la huerta ese día! Lo peor fue que también su hermana Rebeca y su cuñado Manuel (los papás de Renata) sentían que había sido culpa de Lucy.

Pasaron muchos años y era difícil que la familia se recuperara de esa pérdida tan grande. La tía Lucy parecía la más afectada; semanas después del accidente comenzó a padecer de dolores de cabeza. Poco a poco, estos fueron haciéndose más intensos. Su médico le practicó todo tipo de estudios, sin poder determinar cuál era la causa. Desconcertado, le recomendó visitar a su colega y amiga, la doctora Rosalía Altés.

El día que Lucy llegó a la cita se sentía particularmente mal. Se recostó en la camilla y en cuanto la doctora comenzó la terapia, apareció una jovencita, entre niña y adolescente.

— ¡Hola, soy Renata! ¿Puede usted decirle a mi tía y a toda mi familia que no estoy muerta? Dígales por favor que dejen de vestirse de negro y que vuelvan a escuchar música en la casa.

— ¿Por qué dices que no estás muerta?

—Porque es la verdad

—Entonces tú piensas que los muertos somos nosotros, ¿es así como nos ves?

—Usted lo ha dicho. Muertos en dolor, en angustia, en odio, en indiferencia.

— ¡Creo que diste en el clavo! Jamás me hubiera puesto a pensar esto que me acabas de decir. ¡Muchas gracias!

—De nada. Ahora por favor dígale todo esto a mi tía. Si ella lo reconoce, se le van a quitar esos dolores de cabeza. ¡Ah! Y dígale también que siempre estoy con ellos. Que estuve en la ceremonia en la que premiaron al abuelo por ser un ciudadano ejemplar.

Cuando Lucy escuchó estas palabras se echó a llorar, mientras buscaba desesperadamente su celular. Temblando, comenzó a pasar las fotos de la ceremonia que la jovencita había mencionado. En todas ellas aparecía un círculo de luz a la altura de la cabeza de su mamá y su tía; ese círculo de luz era Renata.

Lucy suspiró de emoción y se dio cuenta que su dolor había desaparecido.

CAPÍTULO 18

Una visión divina

Era una tarde calurosa de verano en la ciudad de Chihuahua. Elena Ruvalcaba iba sentada en la tercera fila de un camión urbano y a su lado dormía Angelina, su nieta más pequeña. Sus papás, Rosalinda y Juan, habían batallado mucho para *'encargar'*, habiéndose sometido inútilmente a diferentes tratamientos de fertilización. Afortunadamente, Dios puso en su camino a doña Lola, una curandera maravillosa que le sobó el vientre con aceite de alhucema y supuestamente le enderezó la matriz. Y así ha de haber sido, pues a los diez meses nació Angelina. Su abuelo Tomás decía que su nieta había venido al mundo con todas las de ganar: era una niña pedida, deseada y amada. Y aunque él y su esposa también querían mucho a sus otros tres nietos (hijos de su primogénito Raúl), con Angelina sentían una conexión especial. Había nacido el día del cumple de su abuelo y eso a don Tomás lo llenaba de orgullo.

El día que ella nació, se encontraba toda la familia festejando los 65 años de su abuelo. Elena había preparado el platillo tradicional de sus fiestas: un delicioso mole verde, acompañado de arroz con elotitos y crema... por eso y porque todos los querían mucho, no faltó ninguno de sus invitados.

Después de comer opíparamente, Rosalinda entró con el pastel favorito de su padre, mientras invitaba a los ahí presentes a cantarle "Las Mañanitas". Don Tomás estaba muy emocionado y quiso decir unas palabras. Primero, agradeció a Dios por haberle permitido llegar a esa edad; por haberle dado una hermosa familia, un trabajo que disfrutaba y unos amigos queridos. Luego abrazó a su esposa y brindó porque esa felicidad durara toda la vida. Sus hijos se acercaron a la mesa, abrazaron a su padre y se acomodaron para la foto familiar. La sonrisa de Rosalinda (entonces de 8 meses y tres semanas de embarazo) se transformó en una horrible mueca. Su esposo le preguntó qué pasaba y ella contestó que el momento había llegado. Todos a su alrededor se volvieron locos, menos el cumpleañero, quien corrió de inmediato por las llaves de su viejo guayín y con mucho cuidado subió a su hija. Su esposa y su yerno se sentaron atrás. Mientras tanto, Raúl, Lupita (su esposa) y los tres niños se quedaron para despedir a los invitados.

Rosalinda fue de inmediato internada. Aunque los dolores eran muy intensos, tuvo que soportarlos por 25 horas, hasta que a las 8:30 de la noche nació Angelina, la bebé más hermosa que Rosalinda y Juan habían visto en su vida. ¡Era tan pequeñita que parecía que se iba a quebrar! Solo le interesaba dormir, dormir y dormir, ni siquiera pedía comida. Eso maravillaba a los papás, pero el doctor les dijo que debían de hacer un esfuerzo por despertarla para que comiera, ya que las primeras horas eran importantísimas y una buena alimentación era crucial.

Aunque el corazón se les encogía al ver cómo la incomodaban las enfermeras, quitándole la ropita para despertarla, Rosalinda y Juan siguieron las indicaciones y la niña comenzó a comer. Las dieron de alta dos días después.

Así creció Angelina rodeada de amor, especialmente del de su abuelo, quien la abrazaba todos los días y le decía:

—Ya sabes que el abuelito te quiere mucho, ¿verdad mijita? Que nunca se te olvide eso.

Y Angelina se derretía de amor en sus brazos, asintiendo con su cabecita.

El camión cayó en un gran bache, lo que hizo que Elena volviera a la realidad. Con tristeza notó que su niña había perdido tanto peso que le era difícil reconocer a la Angelina de apenas unos meses atrás.

La abuela no podía borrar de su mente las palabras del doctor Gómez:

—Angelina tiene cáncer, debemos actuar de inmediato. Si no la sometemos a un tratamiento de quimioterapia, el tumor crecerá y luego será más difícil salvarla.

Elena se llevó las manos a la cara, ahogando un grito de desesperación. Por sus mejillas corrían las lágrimas sin control.

— ¿Pero por qué tiene que pasarle eso a esta inocente criatura? ¿Por qué no me pasó a mí que ya estoy vieja?... ¿Y ahora qué le voy a decir a Juan y a Rosalinda... cómo lo irán a tomar?

El camión iba a la misma velocidad de siempre, pero a ella le pareció eterno el trayecto. Su esposo la esperaba angustiado en la parada; no la había podido acompañar porque no había quién lo supliera en el trabajo; afortunadamente, ya había salido. Al ver la cara desencajada de su esposa, supo que no le habían dado buenas noticias, pero Elena le dijo que le contaría todo en cuanto llegaran a la casa. Las dos cuadras que los separaban de ésta les parecieron eternas. Lo primero que hicieron al abrir la puerta fue acostar a su nieta que seguía dormidita... ¡tenía tan mal aspecto!

La señora cerró la puerta de su recámara y se abrazó a su esposo, contándole lo sucedido. Los dos lloraron a mares, temiendo lo peor. Al poco tiempo llegaron su hija y su yerno y sin necesidad de que nadie dijera una palabra, comprendieron que el doctor no les había dado buenas noticias. Los cuatro se fundieron en un abrazo, entremezclando sus lágrimas.

De repente escucharon un quejido. Abrieron la puerta de la recámara para encontrar a Angelina bañada en sudor… ¡ardía en fiebre! Juan la tomó en sus brazos y se metió a la regadera con ella, mientras Rosalinda corría a su bolsa por la medicina. Después de 20 minutos, la fiebre comenzó a ceder y volvieron a acostarla. Había comenzado a llover, Juan y sus suegros salieron a tomar el fresco en el pequeño jardincito de enfrente, mientras que Rosalinda velaba el sueño de su hija.

Doña Lulú, que vivía en la casa de enfrente y era la mejor amiga de Elena, los vio sentados en las mecedoras y cruzó la calle para saludarlos. Estaba al tanto de todo lo que sucedía con Angelina y le pudo mucho enterarse de tan mala noticia. De pronto, el nombre de su sobrino Esteban le pasó por la mente y recordó que él le había contado que una doctora lo había curado de sus dolores de cabeza.

— ¡Lo tengo! –exclamó entusiasmada–. ¡Sé quién puede curar a Angelina! Y comenzó a platicarles la maravillosa historia de Esteban y Cecilia. Cuando terminó, todos tenían la piel chinita y sus ojos brillaban, esperanzados.

— ¡Mañana mismo la llevamos!, acordaron. Agradecidos, se despidieron de su vecina y corrieron a darle la buena noticia a Rosalinda. Ella no se mostró tan optimista como sus padres y su marido, pero accedió a intentarlo.

Al día siguiente, la niña, don Tomás, Rosalinda y Elena se presentaron en el consultorio. Cuando la Dra. Altés los recibió, notó de inmediato que la muchachita iba en muy mal estado: se veía demacrada y traía fiebre. El abuelo le dijo cuál había sido el diagnóstico, mientras depositaba a su nieta en la cama de exploración. La doctora se preguntaba por qué la habían llevado con ella, teniendo un diagnóstico tan tremendo. Al ver el cuerpecito frágil y enfermo de Angelina, sintió mucha misericordia por la niña y decidió hacer lo que estuviera en sus manos. Entonces le preguntó a ésta si le permitía tocarla, explicándole que pondría sus manos en determinadas partes de su cuerpo. Angelina asintió débilmente con la cabeza. La doctora comenzó la terapia, haciendo todo lo que siempre hace, pero poniendo especial énfasis por ser un caso muy grave. Conmovida, le pidió a Dios que la niña se salvara y viviera muchos años. Después de unos minutos, terminó y le preguntó si había visto algo; algunos niños ven colores, otros, personas. La respuesta de Angelina la dejó muda:

— ¡Vi a Dios…!

La doctora sintió un nudo en la garganta; la mamá y los abuelos comenzaron a llorar. Angelina, por su parte, se levantó y empezó a caminar… ¡su energía era muy diferente!

— ¿Y cómo es? ¿Qué te dijo? ¿Pudiste abrazarlo? – le preguntaban todos a la vez, pero la niña no dijo nada más.

La doctora comentó que ya se había hecho lo que se tenía que hacer y solamente les recomendó que la trajeran un día después de la quimioterapia. Ésta estaba programada para la siguiente semana y era fundamental cerrar su campo energético, ya que dicho tratamiento lo destruye.

El lunes siguiente, a primera hora, la internaron en el hospital. Al llegar le sacaron sangre para contar las células malignas. Toda la familia oraba, entregándose a la voluntad de Dios. Estaban tan absortos en la oración, que no escucharon entrar al médico oncólogo. Éste pidió hablar con los papás, quienes lo siguieron al pasillo. Lo que ahí les dijo fue maravilloso:

—A su hija se le diagnosticó cáncer hace unos días, pero el resultado de la prueba de laboratorio dice lo contrario... ¡no hay células malignas presentes! Eso no quiere decir que no tenga el tumor, pero definitivamente en este momento no podemos darle quimioterapia.

Rosalinda y Juan se abrazaron sin poder dar crédito a lo que estaban escuchando. El doctor se despidió y ellos corrieron a darle la noticia a Angelina y a los abuelos. Todos reían con una risa nerviosa, por supuesto que estaban felices, pero a la vez, no querían albergar falsas esperanzas.

A los pocos días regresaron con la doctora Altés. Cuando entraron al pequeño consultorio, la niña pudo subir solita a la cama de exploración. A pesar de que traía fiebre, su semblante era otro y su campo de luz también… totalmente diferentes del de la primera consulta. De pronto, la doctora pudo ver a una Angelina adulta, realizada, feliz. Con gran emoción, se dio cuenta de que Dios le estaba confirmando lo que ella suponía: que la niña estaba completamente sana y de todo corazón, le dio las gracias por permitirle ser el instrumento para esa sanación.

Con una gran sonrisa, les dijo que Dios había hecho un milagro en la vida de su hija.

Aparentemente, la familia se fue convencida de ello, pero no fue así. Durante los meses siguientes buscaron, no solo una segunda, sino también una tercera y una cuarta opinión y en todos los casos les dieron la misma respuesta: Angelina estaba libre de cáncer, gracias a Dios… literalmente.

Y finalmente se la creyeron.

De eso han pasado ya varios años. La niña es ahora una hermosa estudiante de preparatoria que tiene una salud de roble. Todas las noches, ella y su familia agradecen juntos a Dios el haberse hecho presente en sus vidas y envían bendiciones a la persona que lo hizo posible: la doctora Altés.

EPÍLOGO

El hecho de escuchar de labios de la Dra. Altés lo hermoso que es la vida después de la muerte, de saber que hay algo superior a lo que podemos conectarnos internamente, y el tener experiencias increíbles con seres que han dejado su cuerpo físico, me hace sentir privilegiada y a la vez comprometida con la difusión de estas grandes verdades.

Es mi deseo más profundo que estas historias llenen de fe y esperanza a todo aquel que lo necesite y que la doctora Rosalía Altés siga realizando por muchos años más su bellísima labor.

Laura O. Jurado.

www.ingramcontent.com/pod-product-compliance
Lightning Source LLC
Chambersburg PA
CBHW070849050426
42453CB00012B/2104